中国手作——传统手工艺匠心系列丛书

金艺呈瑞

Jinyi Chengrui

王锦强 ◎ 审定
周莉芬 ◎ 主编

中国科学技术出版社
·北京·

图书在版编目（CIP）数据

金艺呈瑞 / 周莉芬主编 . —北京：中国科学技术出版社，2023.3

（中国手作——传统手工艺匠心系列丛书）

ISBN 978-7-5236-0064-1

Ⅰ.①金… Ⅱ.①周… Ⅲ.①金属器物—手工业者—介绍—中国 Ⅳ.① K828.1

中国国家版本馆 CIP 数据核字（2023）第 036897 号

策划编辑	徐世新
责任编辑	向仁军
封面设计	锋尚设计
版式设计	锋尚设计
责任校对	吕传新
责任印制	李晓霖

出　　版	中国科学技术出版社
发　　行	中国科学技术出版社有限公司发行部
地　　址	北京市海淀区中关村南大街 16 号
邮　　编	100081
发行电话	010-62173865
传　　真	010-62173081
网　　址	http://www.cspbooks.com.cn

开　　本	710mm×1000mm　1/16
字　　数	290 千字
印　　张	18.75
版　　次	2023 年 3 月第 1 版
印　　次	2023 年 3 月第 1 次印刷
印　　刷	北京瑞禾彩色印刷有限公司
书　　号	ISBN 978-7-5236-0064-1/K・355
定　　价	98.00 元

（凡购买本社图书，如有缺页、倒页、脱页者，本社发行部负责调换）

编委会

总 顾 问 王锦强

学术顾问 杨光宾　张尚志　俞宋桃　张三荣　毛乃民
　　　　　　黄子爵　黄军虎　王庆常　尚建伟　倪成玉
　　　　　　道　安　王晓璐　寸发标　母炳林　张同禄
　　　　　　李荣魁

主　　任 周莉芬

副 主 任 刘　蓓　卜亚琳　刘　稳　陈　晨　蔡　卉
　　　　　　张一泓　袁　静　石舜禹　杨　洋　林毓佳

委　　员 郭海娜　崔　倩　薛　萌　彭麦峰　张　阳
　　　　　　樊　川　于丽霞　饶　祎　赵　景

引言

华夏文明历史悠久，从河北省境内挖掘出土的河洛古国（早期中华文明的肇端）算起，距今至少有5000年的历史。在这期间，我国经历了史前时期、先秦时期、秦汉时期等多个历史阶段，华夏先祖们在几千年的时光中，给后人遗留下了无数的文化遗产。

这些文化遗产分为物质类遗产与非物质类遗产。物质类文化遗产包含古遗址、古建筑、古墓葬、古文献、古艺术品等不可移动或可移动的文物，而非物质类文化遗产包含民俗活动、民族传统与传统手工艺等相关的文化领域。

本书选取了十项已经进入国家级非物质文化遗产名录，且具有鲜明特色的民间传统手工艺，如控拜村苗族银饰锻制工艺、泾县后山剪刀锻造工艺、秦式青铜剑的铸造工艺等。通过一件作品、一位有缘人、一门手艺、一方水土、一段历史、一袭传统的行文结构，尽可能详细、全方位地讲述一项民间传统手工艺。

在一件作品这一板块，文中选取了极具代表性的传统手工艺品，经过赏析的形式，系统地介绍制作工艺的特点与用途，形象、生动地展现了一门传统技艺应有的制作水准。在这里，传统手艺不再像曹植《洛神赋》中的洛神一样美丽高深，也不再像诗仙李白描述的"美人如花隔云端"那样缥缈，而是确有其形。你可以看到精致大方的苗族银饰花冠，刚韧锋利的后山剪刀，埋藏在地下千年却光洁如新的秦式青铜剑，古朴而厚重的中山国青铜器，璀璨夺目的江山永固——金银花丝嵌宝龙珠花薰……当然，像这样精美的手工艺品多如繁星，我们只是挑选了其中一部分展示给大家。

民间传统工艺是民族个性、审美习惯的凝结，它依托于人本身而存在与发展，以声音、形象与技艺为表现的形式，因此人的传承显得格外重要。不管是哪一个行业、哪一门手艺都有着技艺高超、闻名遐迩的大师级代表人物与传承人。他们当中有的人世代传承着一门手艺，如银匠世家、五代单传的杨光宾，祖上就精通银饰锻制技艺；有的人凭着满腔热爱，从门外汉成长为行业专家，如一心复原秦式青铜剑的毛乃民；有的人独创了一门技艺，如王庆常首创了铝箔手工画；还有的人撑起了景泰蓝工艺的一片天，如钱美华……这些了不起的人们，在传承与发展传统工艺的道路上默默前行。

在民间像他们这样的人还有很多，像鹤庆有名的银器锻制技艺，文中只列举了寸发标、母炳林两位大师，实际上这门技艺省级的传承人有3位，州级的传承人有2位，县级的传承人有40位，由于篇幅问题便没有一一列举。

民间传统手工艺品的存在满足了人们的自然需求、生活需求、精神需求，它们不但是外表精致好看，更是兼顾了实用的属性，所以才需要我们保护与传承。但这些传统手工艺品如何生产，它们的制作工序与步骤是怎样的，想来很多人都未曾了解。不过别担心，当你翻阅这本书后，一定能够对传统手工技艺有一定的认识，说不定还能学会用废旧的易拉罐制作一幅精美的铝箔手工画。可惜的是，有些民间传统工艺的制作工序繁多，如成都银花丝的制作工序，真正制作起来并不只是九道工序那么简单，其中的细节处理多如牛毛，只有精通此技的师傅运用起来才能游刃有余。

人们常说"一方水土，养一方人"，实际上，一方水土也养一门传统技艺。书中选取的十项非遗技艺，均为我国土生土长的民间手工艺术。这些民间传统工艺诞生在一个地方，扎根于一个地方，有着不同的缘由和背景。如泾县后山剪刀的制作技艺，因泾县宣纸文化的繁荣而产生，并得到了繁荣发展，在20世纪80年代年销量达200多万把，甚至全国出现了"一剪难求"的情况。再如秦式青铜剑铸造技艺，因为国家政治、军事需要而产生，盛产于秦朝的雍城、栎阳与咸阳三大重要城市，它们是秦王朝兵器生产储存的基地。而苗族锡绣技艺是剑河县展留村苗族人民的独特创造，展留村的锡绣是出了名得好，可谁又知道苗族先民定居展留村，原因竟是因为战乱后丧失了家园，不得已而迁徙，落脚于这片富饶、宁静的土地，生息繁衍。当我们详细了解这些技艺扎根的地方，便会知晓这些技艺能流传几百年甚至千年的时光，并不是一种偶然，而是一种必然，它们与当地的联系已经密不可分。

  书中提及的十项民间传统技艺当中，只有铝箔手工画的发展历史稍短，不到半个世纪，而其他的技艺有些发展历史为几百年，有些已经长达一千多年。相信很多读者会十分好奇这些民间传统技艺的发展进程，它们在每一个朝代的演变，它们技术的完善程度，它们能够制作出什么工艺品，这些问题在书中均有涉及。比如，银饰锻制技艺的发展历程，银饰、银器早在我国的战国时期便已经开始制作，在河南、山东、陕西等地的战国墓地考古发掘当中，出土了很多银制品，有银环及以猿猴、老虎、野鹿为图案的银饰，在西汉刘襄的墓地，更是出土了100多件银器。到了唐朝时期，手工业、制造业大发展、大繁荣，运用银饰锻制技艺已经可以制作出大量的银器、发簪、头钗、耳环、项圈、手镯等银饰品，品类十分丰富。不过，唐朝时期的银饰、银器只有王公贵族才能享用，在我们印象中"万邦来朝""开放包容"的唐朝，依旧有着森严的等级制度。宋代之后，银饰、银器才走入了寻常百姓家，并可以公开买卖、流通，并且银饰的图案更加丰富了，动物、植物的图案已经无法满足银匠们的创作需求，人文建筑、人物形象也逐渐融入其中，银饰锻制中的铸造、雕刻、镶嵌焊接等技艺也得到了改善。而明清时期银饰、银器更加华美、精致，充分融入了银饰制造者的设计构想，造型更加多样了。20世纪80年代初，我国银饰产业链趋于成熟、市场庞大，吸引了众多商人的投资，银饰品不仅可以提供日常使用，而且还可以作为收藏品。

然而，并不是所有的民间传统技艺的历史发展脉络都已经得以清晰梳理，像铝箔手工画制作技艺，它从诞生至今仅有四十余年，对于铝箔手工画的诞生过程有许多资料可以收集，可惜的是近几十年来的发展资料相对空白。这也从侧面说明了民间传统工艺的发展与壮大仍然需要人们更多的关注与支持，传承与发扬非遗技艺任重而道远。

传统技艺在民间生根发芽并茁壮成长，它们与人的联系密切，在相互碰撞之中衍生出了独特的风俗、民俗，形成了各式各样的文化。如控拜银饰锻制技艺的发展，使得控拜村苗族人民可以佩戴的银饰逐渐多样化，这些精美的银饰品成全了苗族人民爱美、爱生活之心。控拜村的苗家人遇到像结婚、添丁、升学等人生的重大喜事时，便会准备丰盛的食物，大摆宴席宴请亲友。此时，无论是举办酒宴的主人家，还是前来赴宴的亲友，他们都会将璀璨夺目的各种银饰与特色的苗族服饰搭配在一起盛装出席。如遇像苗年节这般喜庆而重大的节日，控拜村的男男女女都会盛装披银，手牵着手大跳芦笙舞。

然而，与控拜村苗族人民不同的是，在剑河县展留村诞生的苗族锡绣技艺，它在展留村苗族同胞的眼中，除了作为一种美丽的装饰品以外，它还铭记着民族深邃的历史记忆。苗族锡绣上复杂的几何纹饰图案，有着丰富的寓意，它们记录着苗族先祖从北到南大迁徙生活的点点滴滴，像一幅生动而鲜明的农耕生活的风俗画，给后人研究苗族文化提供了一个方向。因此，苗族锡绣也被专家们称为"无字的史书"。

假如没有专家研究中山国青铜器的铸造技艺，我们便没有机会从青铜器文物中了解在战火纷飞、群雄争霸的春秋战国历史时期，有一个由外来民族建立的中山国，曾三次被灭国，又三次完成了复国。也不会知道中山国在大国林立的夹缝中生存与发展是多么艰辛，当它以"千乘之国"之姿与"万乘之国"的韩国、赵国、燕国并立称王，并凭借强大的国家实力被称为"战国第八雄"时，充分体现了这个国家的荣耀与辉煌。虽然它在中国历史上存在的时间并不长，但是存在的意义非凡，从它的建立与灭亡，我们能够感受到当时国与国之间竞争的激烈程度，也能窥见戎狄与中原民族融合的经过，这极大丰富了我国的历史文化内涵。

由此可见，这些民间传统手工艺是华夏历史的见证和文化的重要载体，彰显着华夏民族蓬勃的生命力、凝聚力与创造力，它们值得后人的保护与传承。

尽管本书想要将这十项非遗技艺尽可能详尽地讲述给诸君，不过它们中有的内容流传于世间已久，庞大的工艺体系不能用有限的内容来概括，只能截取其中一些方面进行阐述。如景泰蓝工艺，书中讲到的是景泰蓝中的一类——铜胎掐丝珐琅。除了铜胎掐丝珐琅之外，景泰蓝还分为金属錾胎珐琅、金属锤胎珐琅、铜胎画珐琅、金属胎露地珐琅、透明珐琅、金属胎综合工艺珐琅等种类，它们的工艺特点与制作方式各有差异。

正因如此，此书虽是以非物质文化遗产民间传统手工艺为主题而作的读本，但其中的内容并不晦涩难懂，诸君可以将它视为轻杂志来阅读，这也算我们对非物质文化遗产保护与传承事业所尽的一点绵薄之力。

目录

永康锡雕	263
苗族锡绣	239
景泰蓝	209
鹤庆银饰	175
成都银花丝	147
铝箔手工画	115
中山国青铜器	081
秦剑	053
泾县后山剪刀	031
控拜村苗族银饰	001

控拜村苗族银饰

Kongbaicun Miaozu Yinshi

一件作品

　　这件苗族银饰花冠造型精美、巧夺天工，它是极具苗族银饰特色的佳作。

　　银饰花冠泛着纯净的银白色，整体设计上并包含了花卉、骑马武士、蝴蝶、苗族神灵、苗族神龙、吉祥鸟、鹡宇鸟等苗族独特的创作元素。

　　当你仔细观赏，便能发现银花冠上的花朵分明，花蕊、花瓣上的纹路清晰，骑马武士脸上的表情细微，吉祥鸟的眼睛有神，每一处都刻画得清晰可见、栩栩如生……搭配上大小匀称、简洁的银色流苏，精致大方，一点儿不显杂乱。

苗族银饰花冠

控拜村苗族银饰的特点

造型精美、工艺精细复杂

控拜村苗族银饰因造型精美、品质上乘而闻名全国，它的盛名之下离不开银匠师傅们精湛的银饰锻制工艺。

一件精美的银饰要经历十几道至几十道工序的制作，其中主要的工序有熔银、制形、锤打、拉丝等，而银匠师傅需要用到的工具更是五花八门，有鼓风箱、熔银的坩埚、金属材质的吹管、大小锉刀、铁钳子、铁锤子等。

传统银匠

银饰的制作工序有时是交叉进行、不分先后，银匠师傅需要根据不同情况反复调整，这个过程十分漫长与艰难。比方说熔银这个步骤，理论上银的熔点不难达到，应该制作难度较轻才是，但实际上并非如此。

在银饰锻制初期，银料的质量极差，银匠师傅购买不到高质量的银料，只能在熔银的过程中，加入特殊的材料进行提纯。提纯的过程并不容易，银匠师傅对于温度与时间的控制至关重要，稍有不慎便熔炼不出上好的银料。

熔银

即便银匠师傅凭借经验完成了银料的提纯与熔炼，在锤打这道工序也会遇上问题，不同的银料需要的锤打力度与方式都不一样，并非乱锤一通。

由此可见，银饰的锻制技艺是非常复杂、精细的，需要非常多的实践经验。这就不难解释为何在控拜村，老银匠手把手带领年轻银匠的传统会一直延续着。

银匠师傅正在精心制作银饰

精湛的银饰锻造技艺并非一朝一夕便能形成，而是经过几百年来银匠师傅的代代相传与积累才最终成型，这也是控拜村苗族银饰品质与造型上杰出的一个重要原因。

纹案多样，内涵丰富

精美的控拜村苗族银饰，在制作过程中融合了多样的纹案，常见的有水纹、蝴蝶纹、鸟纹、花卉纹、神龙纹、枫树、武士等，它们在苗族文化当中具有丰富的内涵。

朴素的苗族先祖认为万物皆有神，神灵无处不在，山有山神、水有水神、花有花神、树有树神……控拜村传统苗族银饰的图案创作，暗含着苗族神灵的踪迹。

远古时候，苗族先民长期生活在黄河流域，后迁徙到长江流域，靠近水源极大方便了苗族先民的生产、生活，但是雨季的洪水也给他们的生命和财产带来了严重的威胁。在苗族先民的眼中，水既是温柔的，也是充满力量的，他们是那么崇拜水，又畏惧水，这

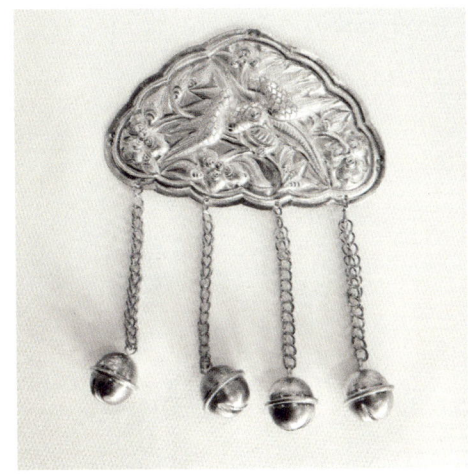 

苗族银饰上精美的图案

样的矛盾心理体现在了银饰的水纹案上,延续至今。

　　苗族古歌《枫香树种》讲述了一个充满神秘色彩的故事,说的是宇宙生命之树——枫树,生出了蝴蝶,枝干化作了吉祥鸟、鹋宇鸟。

贵州黔东南苗族侗族自治州西江千户苗寨

枫树在苗族人看来就是神树，而枫树生出的蝴蝶是万物之母。人类、兽类、天神都是由蝴蝶妈妈孕育的，因此控拜村苗族银饰的创作纹案经常出现蝴蝶纹。

为了躲避战乱，并获得平静安宁的生活，苗族先民们经常进行大迁徙。当时，强健的体魄、英勇的品质变得尤为重要。可以说，控拜村苗族银饰上经常绘有骑马的武士，实际上是象征着苗族先祖们坚强、不屈的进取精神。

在控拜村苗族人眼中，龙是吉祥与力量的象征，因此它不仅出现在传扬苗族文化的银饰上，而且在苗族同胞的服饰上，龙纹也随处可见。

"大、重、多"的审美特性

从古至今，苗族人都喜欢"以钱为饰"，意思是将钱（银子、银圆）作为饰品，这样可以显示苗族人家底的殷实。

因此，苗族人都一致认为，银饰的美主要体现在三个字上面，一是"大"，二是"重"，三是"多"。

从右图我们可以看得出来，银饰的大指的是艺术造型上比较大。例如苗族人民的银头饰，可分为银角、银帽、银飘头排、银发簪、银顶花、银耳环等，我们经常能看到苗族的姑娘，头戴大银角，显得脸蛋儿小小的。这

头戴大银角和花冠的苗族女孩

多种多样的银饰堆积起来,会有一种华丽之美,也凸显了苗家人的大气。

人们通过肉眼看来,泛着银白色光泽的苗族银饰好像很轻,实际上并不是。银饰的制作用到的原料,可是重金属白银。一件银饰重量在几克、几百克不等,佩戴一整套银饰的话,身上背负的重量没有几十斤,也有十几斤。在苗族同胞看来,银饰沉甸甸的重量,意味着制作过程中,没有缺斤少两,保证了质感,同时也显示出良好的家庭经济条件以及对衣装品质的追求与考究。因此"重"也是控拜村苗族银饰的一大审美特点。

苗族的银饰细分起来有很多的种类,有戴在头上的银钗、银簪、银步摇等头饰,有戴在脖颈处的银项圈、银项链、银吊坠等颈饰,还有戴在手上的圆环银手镯、镂空银手镯、钩花银手镯等手饰,此外还有装扮衣服的各类衣饰,绑在腰部的腰饰,甚至还有装饰在足部的脚饰等。

苗族银项圈及挂饰

可以说，人体全身上下都可以搭配银饰，光是头饰就有十几种分类，其中还没有细算各个零部件！可想而知，若是苗家姑娘或是小伙子盛装打扮的话，身上的物件一定不少。这样银饰繁多的打扮，也是契合苗族人民审美的，他们觉得银饰的"多"，是一种独特的体现。

当我们了解到控拜村苗族银饰的审美倾向后，再回头看苗族同胞佩戴的银饰时，它整体的堆嵌给人的美感是不一样的。

控拜村苗族银饰的用途

保健作用

控拜村的苗族人民认为佩戴银饰有利于保持身体健康，比如祛除身体里的毒素，有效消灭人体表面接触的细菌等有害物质，这是一种朴素的认知。

银饰的保健作用，使得村里的苗族人上到九旬老人，下至几岁的奶娃娃，都会佩戴银饰，如银手镯、银项圈等。

装饰品

此外，与传统苗族的银饰一样，控拜村苗族银饰还被当地人作为一种独特的装饰品使用，当闪闪发亮的苗族银饰，搭配上特色的苗族服饰，不仅可以凸显出苗族人民的精神面貌与个人气质，而且利于苗族同胞的个性表达。

纪念品、收藏品

与此同时，苗族银饰的制作工艺繁杂，造型瑰丽，它是精美的纪念品，是送礼的佳品，还是极具艺术性的收藏品。

在控拜村，几乎家家户户的人都有自己的银饰小铺，来自全国各地的游客汇聚在了控拜村。他们当中的一些人会购买一些精美的银饰作为纪念品带回家,有些游客会将这些银饰作为礼品送给身边的亲朋好友,有些眼光独到的游客会将银饰作为一种收藏品,放在家里观赏。

琳琅满目的银饰小铺

一位有缘人

曾经，控拜村的每家每户都有人从事银饰的制作，后来因时代的发展，越来越多的村民走出了大山，到外地谋生，控拜村的银饰锻制技艺曾一度出现了无人传承的情况。

所幸的是在控拜村还有很多银匠师傅守护着老祖宗留下的手艺，其中便有杨光宾、龙太阳二人。

❀ 杨光宾

❀ 银匠世家

1963年12月20日，杨光宾出生于贵州省雷山县控拜村一个银匠世家，他是家族第五代银饰制作的传人，在家中排行老三，两位哥哥都在外当兵。

杨光宾成了在家的唯一男丁，很小的时候就跟随着父亲，学习银饰的制作。虽然是银匠世家，但是他的家里并不富裕，反而十分贫苦。

人们常说"穷人的孩子早当家"，杨光宾也不例外，他7岁时就开始给父亲打下手。聪明伶俐的杨光宾，凭借着不怕吃苦、勤学好问的精神，14岁就已经掌握了手工打造银饰的技艺。

杨光宾对手工银饰的设计有着独特的见解，并且在银饰作品的设计上，造型、图案、纹饰都不大相同，

潜心练习手工打造银饰的技艺

各有特色，在传统的手工技艺上有着自己的创新与发展。

　　他认为，每一件银饰都在讲述一段苗族的历史，如果没有独特的艺术灵感，这件银饰，将不能体现出苗族深厚的历史与淳朴的民风。

　　杨光宾能够将银饰锻制技艺摸透，源于自身对银饰的热爱。当时，与他年纪相仿的年轻人们都离开了村子，他们认为打造一件银饰工艺太繁杂，需要倾注的时间与精力太多，但又赚不到钱，于是纷纷放弃传统技艺的传承，外出务工去了。

风景秀丽的苗寨却留不住年轻人

桃李满天下，春晖遍四方

看到这样的情况，杨光宾十分忧心，他不忍心老祖宗流传下来的手艺失传，咬着牙硬是坚持下来，一心扑在银饰的制作之上，这一坚持就是几十年的光阴。

很久以前，控拜村每一户人家制作银饰的技艺都各不相同。他们对自己的银饰制作手艺保护得很好，家里有儿有女的情况下，这门技艺只会传授给男孩，女孩没有继承手艺的资格。假如家里生的都是女孩，那么这门手艺要传授给家族里的其他男丁，不会传给女婿，更不会传授给外边的学徒。

这样的情况发展到近现代发生了改变。时代在不断发展，机器代替了人工，大量精美的手工艺品用机器也可以制作出来。手工银饰的市场需求与价格都在变化，但人工打造银饰的成本依旧没变。年轻人不再学习枯燥、艰苦的银饰打造技艺，这门手艺渐渐没落。

杨光宾为了更好地传承手工打造银饰的技艺，挣脱了村子里"传男不传女，传内不传外"的规矩束缚，大量招收学生，将自己的手艺毫无保留地教授给热爱这一门手艺的年轻人。

同时，杨光宾拿着仅有的积蓄，开设了苗族银饰手工传承的工作室。他手把手教学，带着自己的学徒不断学习，还邀请了技艺精湛的银匠师傅来到工作室里授课讲学，他们一起"头脑风暴"，增加交流，共同进步。

为了银饰加工技艺的传承，杨光宾选择了坚守

杨光宾的默默努力与付出，对苗族银饰手工技艺的传承起到了很大的作用，他也因此获得了大众的认可，成为苗族银饰锻制技艺代表性传承人。

龙太阳

龙太阳与杨光宾一样，也是苗族银饰手工技艺的坚定守护者，他于2016年被雷山县认定为"县级非物质文化遗产优秀传承人"。

手艺人的出路

龙太阳出生在控拜村，父亲是数一数二的银匠，龙太阳七八岁时，一边上学读书，一边跟随着父亲学习手工打制银饰的技艺。

15岁的年纪，龙太阳已经出师，可以独立制作银饰了。尽管如此，龙太阳当时并没有留在村里依靠这门技艺生活，而是前往浙江省打工。在美丽的温州，龙天阳的银饰锻造手艺毫无用武之地。他为了挣钱只好进入当地的一家制鞋厂工作，学习鞋子的制作。

没过多久，龙太阳就具备了娴熟的制鞋技艺，他的月收入达到一万元，放眼十几年前，这已经相当可观了。

15岁时，龙太阳前往温州打工

经过一段时间的积累,龙太阳的心里生出了一个让众人不解的想法,他想辞掉高薪工作,回到家乡控拜村。

龙太阳作为离开家乡许多年的游子,十分牵挂着家里的亲人,也不忍心见到村里的银饰手工技艺就此没落。

❀ 苗族银饰手工体验民宿

2004年,龙太阳真的离开了浙江温州,回到了控拜村。他花光了所有的积蓄,建成了一座民宿,里边开辟了一个独立的空间,作为手工银饰制作的体验场所与银饰成品展区。

控拜村原本就是一个苗族银饰文化悠久的村落,在当地政府的支持下,已经开发成了特色文化旅游区。龙太阳的回归,为苗族银饰文化的延续与发展又添了一把火。

贵州苗寨民宿

他克服了苗族银饰作品的"大、重、多"的审美倾向，设计了一系列轻盈、精致的银饰，还融入了更多现代化的元素，创新了银饰图案的设计，使得银饰作品被更多人接受与喜欢。

自从他建立了民宿之后，五湖四海的游客蜂拥而来，一边感受着浓郁的苗族银饰文化，观赏着古香古色的小村建筑，还能参加手工银饰制作的体验课程，自己亲手制作银饰品。

当记者询问龙太阳关于手工制作银饰与机器制作银饰的区别时，龙太阳坚定地说："银就是银，铜就是铜，手工就是手工，机械就是机械。"

在龙太阳的眼里，手工打造的银饰品注入了人的思想、感受，每一件银饰的设计与制作都有属于它的故事，这是机械永远无法替代的。

这样的想法竟与杨光宾的想法不谋而合，相信在未来的日子里，苗族银饰的技艺传承将会越来越顺利。

一门手艺

控拜村的银匠都是在自家生产、制作银饰，使用苗族银饰锻制技艺打造一件银饰，少则需要十几道工序，多则需要几十道工序，其中以下八个关键步骤缺一不可。

❀ 步骤一：设计

苗族银饰的制作，银匠师傅首先要做的是银饰的整体设计。

比如，银匠要做一条银项链，它的吊坠是什么图案与形状，花朵状的、小鸟状的、心形的……都需要琢磨，链条的粗细、镂空与否也需要考虑。

❀ 步骤二：铸炼

我们都知道苗族银饰的制作用的是实打实的银料，如银圆、银锭等。

银料在铸炼之时，会被熔炼。传统的铸炼过程中，银匠会将银料放入坩埚当中，坩埚固定在风箱炉上，加木炭掩盖。此时，银匠需要鼓动风箱将银料熔化。

在这一环节，银匠对温度的掌控尤为重要。银料熔化后，被倒入条形的卡槽凝固。

步骤三：锤打

银料熔化之后，倒入卡槽凝固，趁着它还温热时，银匠需要使用锤子将它打成四四方方的长银条，随后再次反复锤打，达到银匠理想的圆柱形银条。

锤打银条

步骤四：拉丝

银匠在获得圆柱形银条后，会用工具将银条卷起一个尖头，再用制作好的拉丝眼板拉丝，拉丝眼板一般为圆孔状。

拉丝是银匠制作银饰品时，最关键的一步。银匠会根据自己拉丝眼板的选择，将银条的细度拉到自己理想中的程度。

步骤五：搓丝

银丝在搓丝的过程中，首先要在一根小铁棒上卷搓成一圈一圈。其次，银匠师傅会使用木板滚条，沿着卷搓的银丝圈反复摩擦。这样做的目的是为了增加银丝的韧性并形成独特的纹路。

步骤六：掐丝

掐丝是最能够表现银匠师傅审美与设计的步骤。银匠师傅需要根据自己设计好的银饰图样，用银丝掐出不同的图案，图案越多越繁杂，掐丝的难度越大，花费的时间就越久。

步骤七：镶嵌与加固

银匠师傅在掐丝完成后，就需要将掐好的图案用焊枪、焊粉镶嵌到合适的位置上。别看这样的操作好像很简单，实际上非常考验银匠师傅的水平。因为稍有不慎，就会将银丝熔断，或是致使镶嵌的图案不牢固、脱落。

步骤八：抛光

制作一件苗族银饰的最后一道工序是银饰的清洗，银匠师傅会生火煮沸专业的银饰清洗溶液，并将打造好的银饰放入容器中去除污渍，达到一定时间后，再将其打捞起来，用干净的水冲洗。如此一来，银饰会变得锃光瓦亮。

当人们深入了解银匠纯手工制作一件银饰背后的辛苦付出，便能感受到精美的银饰来之不易，也能理解为什么它的价格没有那么亲民了。

传统银饰手工制作包含多道工序

一方水土

　　奇山秀水的贵州省境内,有一个名叫雷山的小县城,它管辖下的西江镇有一座风景秀丽的雷山,树木青葱的雷山脚下有一个小村子,名字叫作控拜村,亦称空碑村。

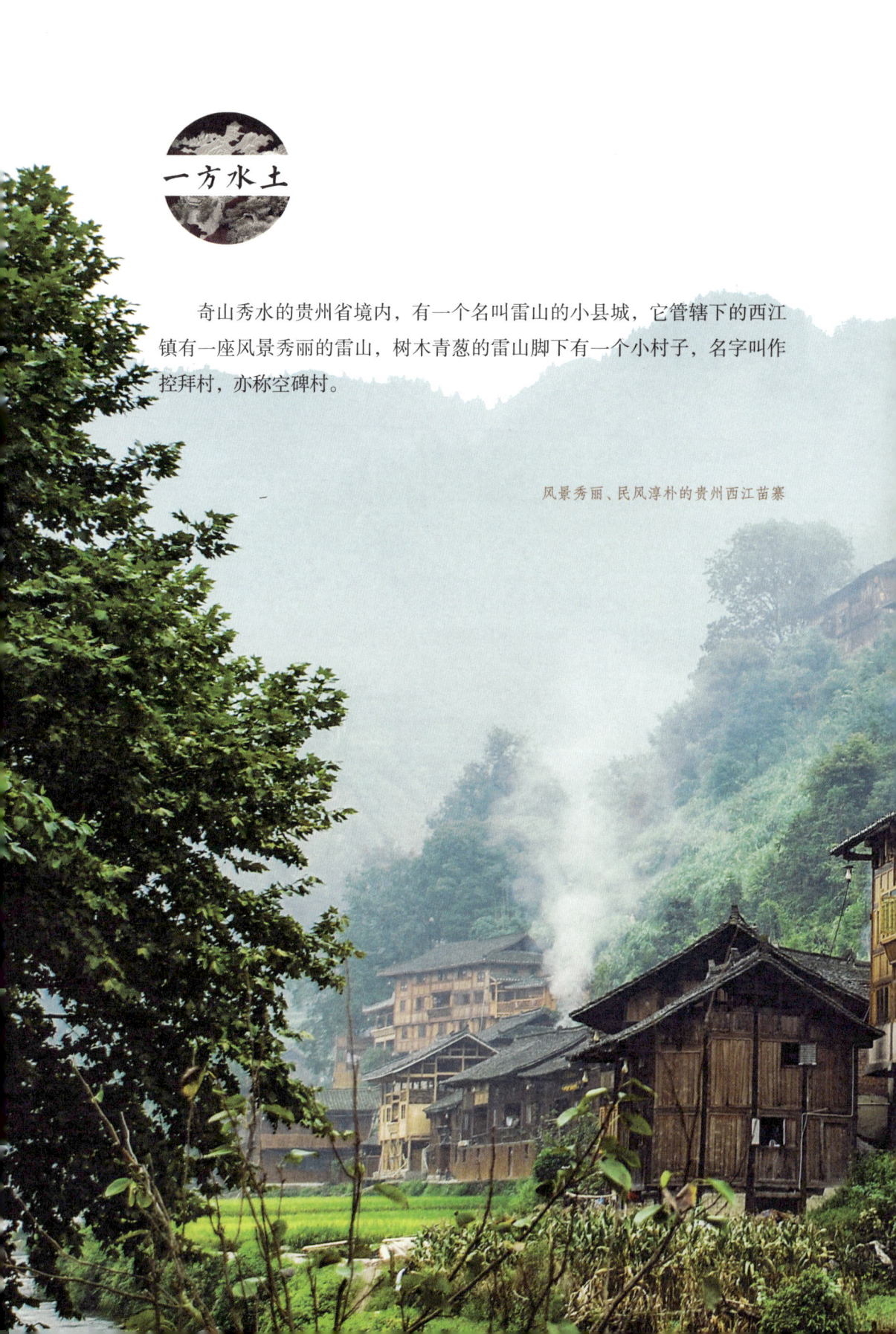

风景秀丽、民风淳朴的贵州西江苗寨

走进控拜村，映入眼帘的是一片树木青葱与青石板铺成的小路，笑容憨厚的苗族乡民，有的坐在自家门前闲聊，有的正挽着袖子忙碌着，他们的身后便是鳞次栉比的木制吊脚楼，旁边是一层又一层的梯田……在阳光的照耀下，控拜村显得那么古朴与静谧。

控拜村是贵州省唯一一个银匠村，村里居住的都是苗族人，并且家家户户都会纯手工银饰锻制技艺，这门传统手艺流传至今已经有600多年历史了，银匠们制作的苗族银饰种类众多，质量也非常好。

村里有的银匠世家是六代单传,有的是九代单传,关于控拜银饰的来源,当地流传着一个美丽的民间故事。

相传,很久以前控拜村有一位名叫爷九的银匠老师傅,他有一个十分聪明伶俐的小孙女。小孙女长得像雨后的小花朵一样水灵,她经常跟随着爷爷到山上玩耍,爱美的小女孩经常央求爷爷给她摘下美丽的花朵戴着头上。看着头戴娇花蹦蹦跳跳的小孙女,老爷爷打心里高兴。

不过,夏天、秋天很快就过去了,山上再也没有花朵盛开。每到冬天,无花可戴的小孙女总是哭闹不止,让爷爷十分心焦。

有一日,小孙女又在家里哭闹,老爷爷忽然灵光一闪,生出了一个大胆的想法。他将银料进行熔炼,敲敲打打制成了一朵美丽的银花。小孙女看到精美的银花,便忍不住将它戴在了头发上,又恢复了往日的快乐。爷爷也松了一口气,再也不用担心冬天山上没有美丽的花朵盛开了,况且这朵银花可是永远不会凋谢呢!

从那以后,村里的银匠都会效仿爷九老爷爷,给家里的女孩们打制银花,慢慢地其他的银饰也应运而生了,控拜村的银饰便丰富了起来。

美丽的银花

一段历史

❀ 控拜村的历史与银饰锻制的缘由

虽然,爷爷制银花哄孙女开心的民间故事非常动人,但是这并不是控拜村银饰打制传统的由来。

据说在明清时期,控拜村叫作空碑村,它的地理位置重要,从空碑出发能够到达丹寨县、台州县、剑河县等地。

因为地理位置优越,空碑汇聚了九个苗族的自然古寨,生活在这里的苗族人民非常多,在人数上甚至比肩西江地区的苗族人。

当时空碑实行的是土司的管理制度,苗族的首领便是管辖一方的朝廷土官,他们的儿子都有世袭土官的权利。这样的制度让清政府感到忧心,他们害怕苗疆实力壮大,不再向朝廷缴纳贡税。

清朝雍正年间,清政府在西南苗疆地区实行"改土归流"的政策,意图废除土司制度,遇到不服从政策推行的苗族村寨,一律采用重兵围剿的方式征服。

空碑村的苗族人民十分不甘心,他们推举柱汪、柱利、柱洞为首领,拿起手中的武器反击清军,但由于装备落后,不敌清军而战败。清军占领了空碑村,并建立了堡子屯(如今的堡子村),余下的苗族人被迫逃离了自己的家园。

他们来到雷山脚下安家,雷山脚下群山环绕,植被茂密,苗族人隐藏在山林之中,遇到战事时也可以暂行躲避,极大保证了人身与财产安全。

控拜村苗族银饰　❀　023

勤劳勇敢的苗族人民来到雷山脚下建立家园

　　而乌香河从村子旁边流过，生活用水不用发愁，水汽蒸发带来的降雨也很可观，满足了苗族人民农耕的需要。历经苗族几代人的生息繁衍，新的控拜苗寨才得以建成。

　　当时，控拜的苗族人民生活十分艰苦。为了养家糊口，村里的苗族汉子带着祖先流传下的银饰锻制工艺，走村串寨地找寻着银饰打制的活计。

　　他们人数众多，银饰打制的活计有限，有些银匠为了谋生，不得已走出贵州省，到邻近的四川、云南、西藏等地区打银饰，控拜村苗族银匠的踪迹便慢慢地出现在了全国各地。

中国银饰锻制历史

　　根据考古资料显示，中国银饰锻造文化最早起源于战国时期。在河南、山东、陕西等地的战国墓地考古发掘当中，出土了很多银制品，有银环及以猿猴、老虎、野鹿为图案的银饰，在西汉齐王刘襄的墓地，更是出土了100多件银器。

唐朝时期经济大繁荣，手工业、制造业的发展达到了顶峰，银饰锻制技艺的发展也进入了巅峰时期。根据史料记载，天宝年间唐朝政府设置了罗恭县于控拜地界，由应州府管辖。此时，运用银饰锻制技艺已经可以制作出大量的银器、发簪、头钗、耳环、项圈、手镯等银饰品，品类十分丰富，纹路、图案都呈现了精细化、多样化。

银饰锻制技艺发展至宋、元时期，逐渐走向商品化。银饰品不再是贵族阶层才能使用的珍贵物品，平民也可以购买与佩戴。与此同时，银饰的图案更加丰富了，动物、植物的图案已经无法满足银匠们的创作需求，人文建筑、人物形象也逐渐融入其中。银饰锻制中的铸造、雕刻、镶嵌焊接等技艺也得到了改善。

琳琅满目的银饰手工艺品

明清时期，银饰锻制技艺得到了全面的提升，银饰手工艺品逐渐走向华丽、精致的风格，充分融入了银饰制造者的设计构想，增加了审美的多元性。

20世纪80年代初，银饰产业链趋于成熟、市场庞大，吸引来了众多商人的投资，银饰品不仅可以提供日常使用，而且还可以作为收藏品。

当时，控拜村家家户户都会发出银饰制作的"叮叮当当"声，当时村里还有一个共同的默契：各家的银饰锻制手艺只传授给男孩不传授给女孩，只传授给家族男丁不传授给外人。

随着时间的推移，控拜村的老龄化问题逐渐显现，老一辈的银匠无力再制作银饰，新一辈的年轻人又外出务工了，纯手工银饰的锻制技艺也逐渐衰落。

唯有控拜银饰博物馆里的展品还在默默地摆放着，等待有心人的到来。

一袭传统

❁ 苗族银饰与人生重大喜事

控拜村的男女老少都穿戴银饰，女子从小时候就拥有家长打制的银饰品，随着年龄的增长，银饰品的样式、大小都会作相应的调整。

当苗族的姑娘到了适婚的年纪，她们会戴上珍藏多年的银饰，盛装打扮起来，展示着自己的美丽，希望能够吸引到帅气的苗家小伙子。

在控拜村，苗族姑娘在配齐全套银饰装备后，会打制大银角与之匹配，人们认为这是姑娘家境殷实、社会地位高的体现。

而苗族银饰花冠，只是苗族头饰的一种。全套的苗族银饰，包含的物件实在太多了，有装饰头部的饰品，如银钗、银簪等，有装饰胸前、脖颈的银项链、银项圈等颈饰，还有装饰纤纤玉手的银手镯、银手链等手饰，此外苗族服饰上的衣服装饰品少不了，人体的背部、腰部、足部都要搭配上精美的银饰品，这些银饰品加起来至少有上百种。可想而知，苗族女孩从小时候就置办银饰，一点也不夸张呢！

当苗族同胞家里有结婚、添丁、孩子学业有成等重大喜事，他们会举办酒宴，一改平日里的低调，人人都会穿上最好看、最精美的苗族服饰，搭配全套的

盛装打扮的苗族姑娘

银饰。这是苗族同胞们的仪式感，不仅显示自己的雍容与庄重，还渲染烘托了喜庆的氛围。

苗族银饰与重大节日

苗年节是苗族同胞十分重视的节日，苗年节的时间一般在农历的十月，人们完成稻谷收割与储藏后，会举行庆祝活动。

苗年节前夕，家家户户都会做大扫除，将家里打扫得干干净净，还要准备香肠、血豆腐等年货。苗年节是小朋友最爱的节日，有丰盛的食物，还有家人缝制的新衣服穿。

苗年节年三十那天，苗族同胞会宰鸡、宰鸭、杀鱼，制作年饭。晚上家里人会聚在一起吃年饭与守岁；第二天一早，家里的长辈会带领小辈们祭祖，之后就开始家家户户串门拜年。

苗年节一般会持续5～12天，其中跳芦笙舞可以说是最热闹的一个活动。在控拜村，苗族的芦笙舞人人都会跳，苗族男孩子拿着乐器芦笙滴滴地吹，苗族女

苗族芦笙舞

孩们放声歌唱，手上时不时晃动着银铃附和，摆动着双手，跳动着双脚，大家围成一圈十分热闹。

芦笙舞是苗族同胞们在重大节日或祭祀祖先时跳的庆祝舞蹈。苗族先民创造这样的舞蹈有两个原因：一是在人们播种农作物后，祈求神灵保佑获得丰收；二是感谢神灵的赐予与祭祀祖先。

控拜村里有始建于清代的芦笙场，主要用于跳芦笙舞。苗年节时，控拜村全村人都会穿上苗族服饰，个个盛装披银。姑娘们头戴大银角、银簪、银钗、银花冠，颈戴多个银项圈，镂空的、雕花的都用上，手上的银手镯也五花八门，力求身上的银饰品够大、够重、够多。

他们听着民族乐器奏出的音乐，欢乐地围在一起跳舞，使用的动作多种多样，有走、移、跨、转、立、踢、翻等。

在这一场银饰盛宴中，银饰最大、最重、最多的姑娘会脱颖而出，获得苗族青年男子的青睐，成为大家追求的对象，体现出了苗族青年男女对爱情与婚姻生活的美好向往。

迄今为止，这样热闹的活动仍在延续着。

苗族传统祭祀节日——鼓藏节

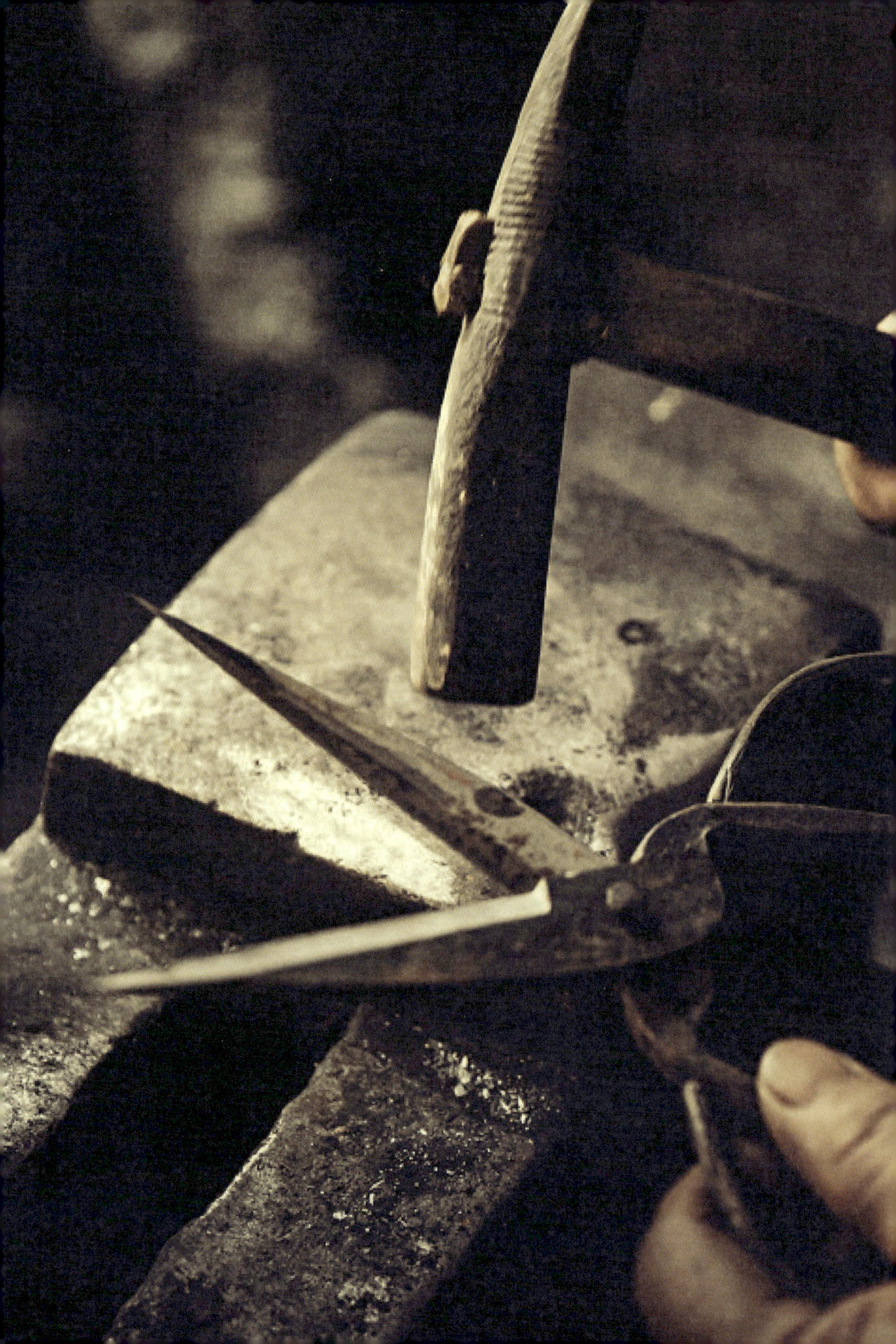

泾县后山剪刀
Jingxian HoushanJiandao

一件作品

　　下图是安徽省泾县生产的后山剪刀,这些剪刀把把严丝合缝、刚韧锋利,使用上等的材料制造,不仅十分坚韧,而且光泽度饱满,散发着抛光之后淡淡的银白色。

　　它们的两面刀刃中间没有一丝透光,均匀光滑,剪口顺畅,十分锐利;刀柄处镶嵌了圆润的螺丝钉,便于双面刀刃的固定与开合;刀身部分的设计像蝴蝶的一双翅膀,中间部分中空,非常符合人体力学的规律,也增强了使用感,整体设计十分精巧。

　　在外行人看来,这几把后山剪刀与其他剪刀并无明显的区别,但在内行人的眼里,它们之间的区别可大了。后山剪刀品质过硬,"硬能断铁,软可剪棉",是剪刀中的精品。

　　2011年,曾有国家领导人视察坐落于安徽省泾县的中国宣纸集

出自泾县丁家桥镇后山村的后山剪刀

团公司。在参观宣纸制作流程时,他看到工人用一把锋利的剪刀,"咔嚓"剪着上百张宣纸,忍不住发出感慨:"工欲善其事,必先利其器,如此锋利的大剪刀,真不愧是天下第一剪!"

没错,领导人提到的"天下第一剪",也是一种出产于泾县的后山剪刀——宣纸剪刀。

后山剪刀的优点

后山剪刀不但获得了领导人的赞美,在人民群众的心中,它们也享有着很好的口碑,究竟后山剪刀有什么长处是其他剪刀无法比肩的呢?

在了解后山剪刀的长处之前,我们需要知道一把完整的剪刀都有哪些部件。通常一把剪刀包含有三个部分,分别是刀刃、刀柄与刀身。

一是刚韧。别看泾县后山剪刀的刀刃是薄薄的一片,刀头尖锐,但是它的刚韧程度令人大吃一惊,人称"硬能断铁"。

后山剪刀坚固有力的器型结构

泾县后山剪刀在铸造的过程中，使用了纯度极高的材料，经过上千次锤打与冰凉山泉水的冷淬才完成了制造。如此一来，后山剪刀的坚韧性得到了极大的保证。

虽然达不到削铁如泥的程度，但是使用后山剪刀剪断铁丝、铁网，都是轻而易举的事情，并且在剪完铁丝、铁网后，薄薄的刀刃并不会出现令人不悦的豁口。这可比普通的剪刀强太多了！

二是锋利而灵巧。让人喜出望外的是后山剪刀不仅"硬能断铁"，而且还十分锋利与灵巧。它刀柄处嵌入的螺丝钉，便于双面刀刃的固定与开合，独特的刀身设计可以方便人们使用时发力，达到"软可剪棉"的效果。

人们在制作衣服时经常会遇到柔软的棉布、丝绸等料子，使用普通剪刀裁剪时，经常可以看到需要裁剪的棉布、丝绸等异常滑溜，无论你如何使劲，它都能从剪刀的刀刃滑走，仿佛与你对着干一样。

假如使用的是后山剪刀，情况立刻得到了改变，它锋利的刀刃可以轻松裁剪棉布、丝绸等料子，省时又省力。

三是极易打磨且经久耐用。消费者在购买一件商品时，追求的不仅是它的外形的美观，质量也是最为重要的要求。

人们对价格的接受程度，大多还是受到了商品的质量的影响，像"贵有贵的

硬能断铁、软可剪棉的刀刃

好""物美价廉"诸如此类的话语，表达了人们对于商品质量的高期望值。

剪刀作为一种使用频率极高、用途极广的工具，倘若质量不佳也会影响人们的日常生活。

后山剪刀不仅刚利、灵巧，它还十分经久耐用，哪怕使用上20~30年也不是一件难事。

也许你在想：再好的剪刀使用年限久了，自然也就钝了，还能好用吗？

后山剪刀十分容易打磨，用磨刀石简单地磨一磨，不用繁杂的动作就能使其重新恢复锋利，这也是它的一个闪光点。

❀ 后山剪刀的用途

后山剪刀的制作历史悠久，中国宋朝时期就已经有师傅打制后山剪刀，后山剪刀流传至今已经有一千多年的历史了。

经过一千多年的发展与创新，后山剪刀的类型达到了40多种，使用范围覆盖到了生活的方方面面。如果要做细致一点的分类，大致可以分为两种：一种是专业的宣纸剪刀，专门为了裁剪宣纸而打造；另外一种就是除了宣纸剪刀外的种类，如裁布剪、金属剪、林园剪等，用来做女红、剪纸、剪铁、剪钢板、剪铁丝、修枝剪叶等。

其中，宣纸剪刀是后山剪刀中最重要的一个类别，它的制作历史最长，随着宣纸的使用与普及应运而生。

宣纸剪刀的刀刃宽大扁平、十分锋利，用普通剪刀裁剪宣纸，一次只能剪两三张，但是使用宣纸剪刀可以一次剪上百张，使用效果可以说是天壤之别。

号称"天下第一剪"的宣纸剪刀

一位有缘人

曾经，后山剪刀因品质上乘而畅销全国各地，令人惋惜的是发展到现代，后山剪刀的制作技艺面临着无人传承的危机。在人们的遗憾声中，有一对师徒默默挥动手中的铁锤，几十年如一日地打造着后山剪刀，延续着老祖宗留下的手艺。

张尚志

张尚志出生于安徽泾县丁家桥镇后山村，他是后山剪刀的传人，父亲名字叫张文昌。

安徽泾县乡村风景

❀ 匠人之心，在于戒躁，在于坚持

小时候，张尚志经常给制剪的父亲打下手，像捡柴、烧火、拉风箱等都是他的"工作"。在16岁那年，张尚志初中没毕业便辍学在家，父亲见他清闲，于是把他叫到身边学习制作剪刀的手艺。

青春年少的张尚志就成了父亲手下的小学徒，这一干就是两年多，在两年多的时间里张尚志有了很大长进，不过没能完全掌握制作剪刀的全部工序。

在坚持学习制剪将近5年后，张尚志已能够独立完成制剪，并且制作的剪刀备受大家的赞善。

❀ 打破桎梏，仅为手艺传承

纯手工制剪的手艺，在后山村只有姓张的人家才会，并且张家人有一个规矩，那就是制剪的手艺必须"传男不传女，传内不传外"。

改革开放后经济大发展，传统手工业受到了严重的影响，后山村会制剪手艺的张家人纷纷改行，不到几年时间仅剩下张尚志仍坚持着手工制剪。他说："父亲一辈子打剪刀，再艰难也没有想过放弃。"他也应该子承父业，不能轻易放弃。

作坊里的纯手工制剪手艺

看着制剪手艺的没落，张尚志十分担心延续千年的手艺被人遗忘。于是，他打破了制剪手艺必须"传男不传女，传内不传外"的不成文规定，开始招收学徒。

一开始制剪的学徒多达十几人，张尚志把手艺倾囊相授，毫无保留，但遗憾的是学徒们都不堪忍受制剪的辛苦与低回报，纷纷放弃了制剪手艺的学习。

在这群学徒当中，只有15岁的俞宋桃坚持了下来，他之后也成为后山手工制剪技艺省级非物质文化遗产传承人。

若论"不忘初心、持之以恒"的精神，张尚志可以称为楷模了。他一生当中有50年都在制作剪刀，哪怕到67岁的年纪，几乎每日天明就起床到家里的小作坊挥洒着汗水，即使体力不足也要敲敲打打，直到天黑了才休息。

俞宋桃

2014年9月，后山制剪工艺成为安徽省非物质文化遗产保护的工艺种类之一，俞宋桃成为后山制剪技艺代表性传承人，他获得这一殊荣，并非来自偶然，而是源于对制剪手艺四十二年如一日的坚持与精益求精的追求。

学艺不易，重在坚持

15岁那年，年迈的外婆带着俞宋桃来到后山村寻找姨父张尚志，向他学习后山剪刀的制作手艺。

当时大概有十个人来到后山村学习制剪技术，后来增加到了几十人。俞宋桃不仅在姨父张尚志的手下学习，而且还进入丁桥乡剪刀厂做学徒。

俞宋桃每一次干活都会累得汗流浃背，即便如此他也没有选择放弃，而是咬着牙坚持下来了。花了整整6年的时间，他实现了从一窍不通的门外汉到炉火纯青的制剪师傅的完美蜕变。

俞宋桃传承着后山制剪技艺

❀ 青出于蓝，精益求精

1983年至1993年，俞宋桃都在丁家桥乡剪刀厂从事后山剪刀的生产工作，不幸的是剪刀厂最终还是破产倒闭了。

失业后的俞宋桃回到了自己的老家，他一边务农，一边请制剪业的前辈帮忙制造、销售后山剪刀，并不断为宣传后山剪刀而游走各地。

俞宋桃拜师学艺之初，师傅张尚志曾经说过："制作一把剪刀需要经过裁剪、烧火、锻打、打坯、加钢、淬火、锻压、调弯、开口、磨口、抛光、成型等24道工序。"这样的制作流程流传已久，不过为了使得后山剪刀的品质得到进一步的提升，俞宋桃将流程扩展到了80多道工序。

如今，俞宋桃从事制剪工行业已经有42个年头了，这几十年的精益求精，使得他成为后山剪刀制作的带头人，促进了濒临失传的后山制剪工艺的发展。

为了避免这门手艺消失在工业化大发展的历史潮流中，俞宋桃还将后山剪刀的制剪工艺以文字、视频的方式记录下来，他发自内心地热爱着这门手艺。

面对记者的采访，俞宋桃感慨说："我大半生的心血都放在上面了，更希望和其他为数不多后山剪刀传人一同将这门技艺传承下去。"

一门手艺

后山剪刀的制作工序少则有24道，多则有80多道，十分繁杂，我们很难一一进行列举。

不过，从记者采访俞宋桃师傅时的谈话来看，后山制剪工艺中有五道工序极为重要，那便是锻打、淬火、调弯、磨口、制花。

俞宋桃正在锻打剪刀部件

❀ 工序一：锻打

在很久以前，后山村的工匠们在制作剪刀时，一般选用生铁为材料。他们将生铁通过高温熔炼后，再进行锻打。用这样的生铁制作剪刀，会有一个明显的问题，那便是刀口硬度会有所欠缺。

后来，后山剪刀的传人们改进了方法，他们选取好的钢材，覆盖、镶嵌在熟铁上再进行锻打，做成剪刀刀口，这样做有力地保证了剪刀刀口的硬度。

不过，这一道工序也极大考验着制剪师傅的水平。在制剪的过程中，师傅不仅需要根据剪刀刀口的烧红情况，判断出最适合的锻打时间，而且还需使用技巧，通过发巧力才能完成锻打。

❀ 工序二：淬火

后山剪刀的制作还会使用到淬火这种热处理方法，制剪工匠需要将烧红到一定温度的剪刀刀口放入清水中，使刀口急速冷却和更快硬化。

这看似简单的操作步骤，实则暗藏玄机。精通后山剪刀制作的张尚志师傅曾直言，后山村冷冽的山泉水才是决定后山剪刀刚韧的关键所在，使用其他水淬火，出来的效果完全无法比拟。

而俞宋桃师傅认为，淬火时制剪师傅对水温的控制，以及刀口入水的次数、深度、时间的把握，对于制成一把好剪刀同样重要。

❀ 工序三：调弯

一把质量上乘的后山剪刀，它的刀身能够实现开合自如，并且左右两边的形状是对称的，不会出现一边大一边小，一边偏圆形一边偏椭圆形的情况，这样既不美观，也影响了人们的使用感。

因此，工匠们在制作后山剪刀时，会对剪刀进行调弯处理，让它使用起来更加顺畅，外表看起来也更加美观。

❀ 工序四：磨口

工匠在制作后山剪刀的过程中，需要对剪刀的刀口进行开刃，一般会使用到电砂轮，完成这道工序后，剪刀的刀刃已经相对锋利。

但是，俞师傅对刀口还要进一步打磨，一般都要反复磨上半个小时。他认为机器对于刀口的处理，并不能达到最好的效果，只有通过纯手工的操作，才能让剪刀的刀口更加锐利。

对刀口进行打磨

❀ 工序五：制花

后山剪刀工匠通常追求整体的美感，要使一把剪刀达到一定的审美要求，还需要在刀身上雕刻精美的纹路、图案或文字。经过一番精雕细琢之后，一把集刚韧、灵巧、美观于一体的后山剪刀才算制作完成了。

一方水土

　　20世纪80年代，后山剪刀曾经风靡一时，它的年产量达到200多万把，很多人都知道后山剪刀，并且对生产后山剪刀的泾县十分神往。

　　安徽省宣城市泾县生产的后山剪刀因外形精美、品质极佳而广受赞誉。泾县人外出经商者遍及各省，在长江沿岸各个商埠都颇具影响力。

　　历史上，泾县被人们称为猷州，从新石器时代便有人类活动的足迹，历经了朝代更替，也沉淀了悠久的历史文化。

泾县的古镇

古时候泾县是农桑区,农业非常发达,那时"男耕女织"是社会生产、生活的主要方式,又因为水陆交通便利,汇聚了一大批来自全国各地的商贩。

明朝时期,大量的泾县商人开始背井离乡到外地做生意。清朝时期泾县商人的足迹遍布了我国的十多个省份,在商业贸易发达的长江沿岸,遍地林立着他们开的店铺、商行,这些泾商汇聚在一起,还形成了名气响当当的"泾帮","泾帮"相当于一个颇具规模的商会。

那时,市井之间流行着这样一句话:"无徽不成商,无泾不成镇",意思是说没有徽州商人的地方,必然商业落后,而没有泾县商人的地方,则很难发展成为城镇。

由此可见,当时泾县商业的发展十分迅猛,商人们已经将业务拓展到了全国各地。

经济发展促进文化的繁荣

春秋时期的政治家管仲曾说过"仓廪实而知礼节,衣食足而知荣辱",大意是说当人们解决了温饱问题,生活水平高了,他们的思想品德也会得到提高。

这样的道理也适用于泾县的发展,泾县居住着众多的商人、官宦世家,他们的经济实力雄厚,对于子孙后代的文化教育问题十分重视,大量商人将家财用于当地文化基础设施的建设。

根据史料记载,明清时期由泾县商人们出资创建的书院便有30多所,大大小小的私塾、义学社更是分布在大街小巷之中。

当时,民间流传着"三十老明经,五十少进士"的谚语,说的是明经易考,但进士难考,50岁的考生科考中了进士还算年轻。令人赞叹的是明清两代泾县参加科举考试的考生中,便有106人中了进士。由此可见,当时泾县的文化方面的发展是欣欣向荣的。

文化事业的进步,人们对于文具的需求便高了起来,制作笔、墨、纸、砚等文具的手工业急速发展,其中宣纸、宣笔更是供不应求。

安徽的一处书院　　安徽文房四宝商店

❀ 宣纸的繁荣与后山剪刀的研发

泾县宣纸、宣笔的普及与后山剪刀的诞生息息相关。

那时，泾县境内的丁家桥镇是主要的宣纸生产地。丁家桥镇生产的宣纸有质地柔韧、纸面雪白、纹理光滑、不易皱损、不渗墨、不易腐、耐老化等优点，素有"纸中之王"的地位及"千年寿纸"的美誉。

素负盛名的宣纸占有巨大的市场份额，不免要大量生产，这可让当时的制纸师傅发了愁，因为裁剪宣纸所用的剪刀实在太差劲了，一次性裁剪不到十张。

正当大家为裁剪宣纸发愁之时，丁家桥镇后山村一位姓张的制剪手艺人打造了一把剪刀，这把剪刀的刀刃宽大扁平、十分锋利，一次可以裁剪上百张宣纸，极大提高了宣纸的生产效率，人们将这把剪刀称为"后山宣纸剪"。

伴随着宣纸的名气越来越盛，销量越来越大，后山宣纸剪也畅销到了全国各地，它成了泾县仅次于宣纸、宣笔的知名商品。

一段历史

后山剪刀的发展历史，使我不免有些好奇，中国的剪刀是什么时期出现的呢？相信很多人都有这样的疑问。

从文献记载来看，三国时期蜀汉学者谯周在《古史考》一书中，记载说："剪，铁器也，用以裁布帛，始于黄帝时。"谯周意指剪刀的制作与使用历史非常久远。

而根据文物出图的情况来看，我们可以推断出剪刀的产生时间，最早在西汉时期。考古专家在洛阳西汉古墓中，挖掘出了古老的剪刀，距今已经有2100年历史了。

剪刀在中国沿用了两千多年的时间，它的发展历史从形态上划分可以分为两个阶段，一个是西汉至魏晋时期，另一个是魏晋之后至今。

西汉时期制造的剪刀，它的刀身呈现圆形，形状上与"α"相像，也像平放的"8"字形，其中刀柄处并没有加以固定，刀刃狭长或扁平稍尖。当时的剪刀通过刀

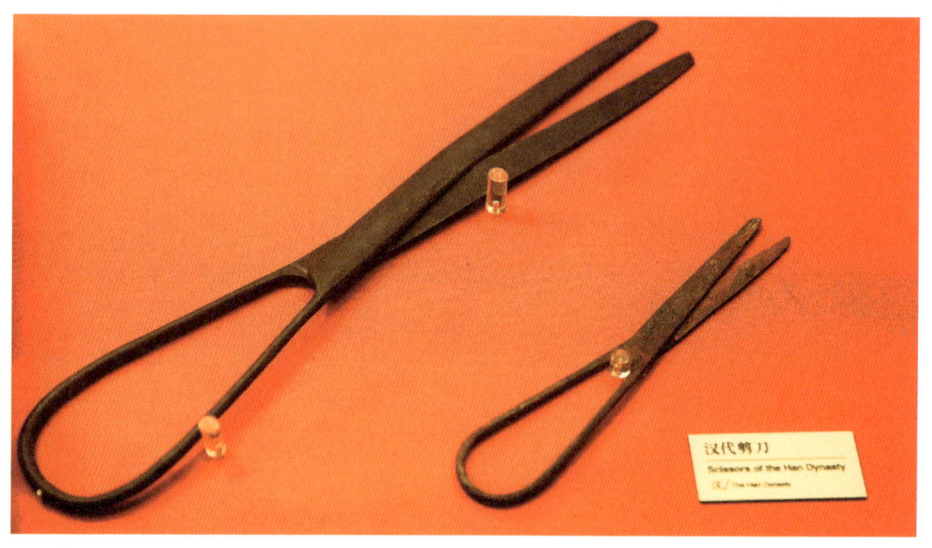

汉代剪刀

身弯曲时的弹力进行开合，两面刀刃相交后剪断物品，人们称之为交股式剪刀。

魏晋之后剪刀的形态大改，到了五代时期，剪刀的刀身呈支轴式，中间安有支轴，湖南省长沙市古墓出土了一把铁剪为支轴样式，它发展到唐代，做工更加精致，有些剪刀运用了制花工艺，将图案刻在了刀刃上。

宋朝时期，剪刀在原有的基础上，在刀柄处增加了铆钉起到固定的作用，其结构已经十分完善，随后一千年多年的时间里，支轴式剪刀的外观略有区别，但是在结构上并无太大改变。

后山剪刀正是产生于宋代，如今它们的整体设计与宋代时期的剪刀颇为相像，采用的都是支轴式的结构，只不过后山剪刀的刀身扁平、更加厚实。

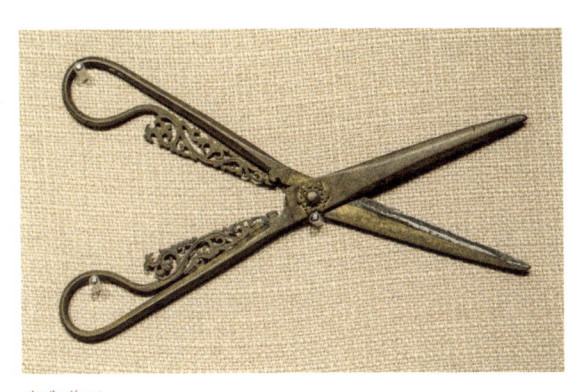

宋代剪刀

清代铁剪刀

泾县后山剪刀　　047

后来，随着后山剪刀的发展，它们在刀身上演变成了多种样式，不再是扁平、厚实的样式，而是有长有短、粗细相宜，并衍生出了许多类别，分别裁剪不同的物品。

20世纪80年代，后山剪刀迎来繁荣期，拥有着广阔的消费市场，但由于太过畅销，很多人都买不到后山剪刀，出现了"一剪难求"的局面。

不过，中国改革开放后，轻工业得到了大发展，许多剪刀厂也随之建立，它们采用了机械化大生产的模式，不仅产量高，质量也很好。

后山剪刀的制作场所多为家庭小作坊，工匠们纯手工打造剪刀，其制作成本高、时间长、产量低，根本无法与机械化大生产的剪刀厂抗衡。

后山村制剪的张家人不能再依靠制剪满足生计问题，因而纷纷改行，现今连制剪手艺的传承都遇到了瓶颈。

一袭传统

⊕ 后山剪刀与张氏家族

起初,张氏先祖生活在清河一带,大概位置在现今的河北地区。汉代起他们便一路迁徙到了江苏境内。北宋末年,由洪二公带领的张氏一脉来到了后山村,并在后山建立起了新家园。

虽然,后山村的土地肥沃能够满足张氏族人的农耕需要,但是他们的生活依旧贫困。为了改善经济情况,张氏族人们便有人投身了铁匠行业。

当时,后山村所在的丁家桥镇便是著名的宣纸生产地,大量的宣纸销往全国各地,却没有一把顺手的剪刀可以提高宣纸的裁剪效率,直到一位张氏族人发明了宣纸剪刀,宣纸的裁剪效率才得到了提升。

宣纸传统生产场景

后来，一位叫张三荣的铁匠将张家人独特的制剪手艺整理成了工艺体系，并制作出了十多种专业剪刀，他还给这些剪刀取了一个本土的名字——后山剪刀。

这些后山剪刀因品质上乘在泾县出了名，老百姓都知道茂林吴家的衣服鞋子做得最好，云岭陈家的大米最好，后山张家的剪刀最好。

之后，后山村张家铁匠的名气越来越大，张氏族人的生活越过越红火，"叮叮当当"的打铁声不断从后山村传来，一时间泾县兴起了打铁的热潮。

那时，坊市间还流行着这样一首童谣："金打铁，银打铁，打把小小剪刀送姐姐。姐姐留我歇，我不歇，我要回家打毛铁。毛铁打到正月正，家家门前玩龙灯。金打铁，银打铁，打把小小剪刀送姐姐。姐姐留我歇，我不歇，我要回家打毛铁……"

浙江临安古建筑

❁ 一块流落在他乡的金牌

泾县当地流传着一个关于后山剪刀的故事,它被老百姓们津津乐道。

相传在清朝时期,后山剪刀因为物美价廉而畅销全国各地。一位张姓的铁匠将剪刀拿到了京城参加展览比赛,后山剪刀的质量及工艺折服了评委们,纷纷给了很高的评分,这把后山剪刀也荣获了金奖。

在领奖归来的途中,各个州、县的老百姓们都鸣放鞭炮表示庆祝,这位张姓的铁匠一路置办酒席感谢大家的支持,到达浙江临安时,口袋里的银钱不足,迫不得已将获奖的金牌存放到了客栈。

回到后山村后,这位张姓的铁匠因为手头经济不宽裕,便再也没能回到客栈取回金牌。之后,这块象征着后山剪刀品质的金牌便遗憾地流落到了他乡。

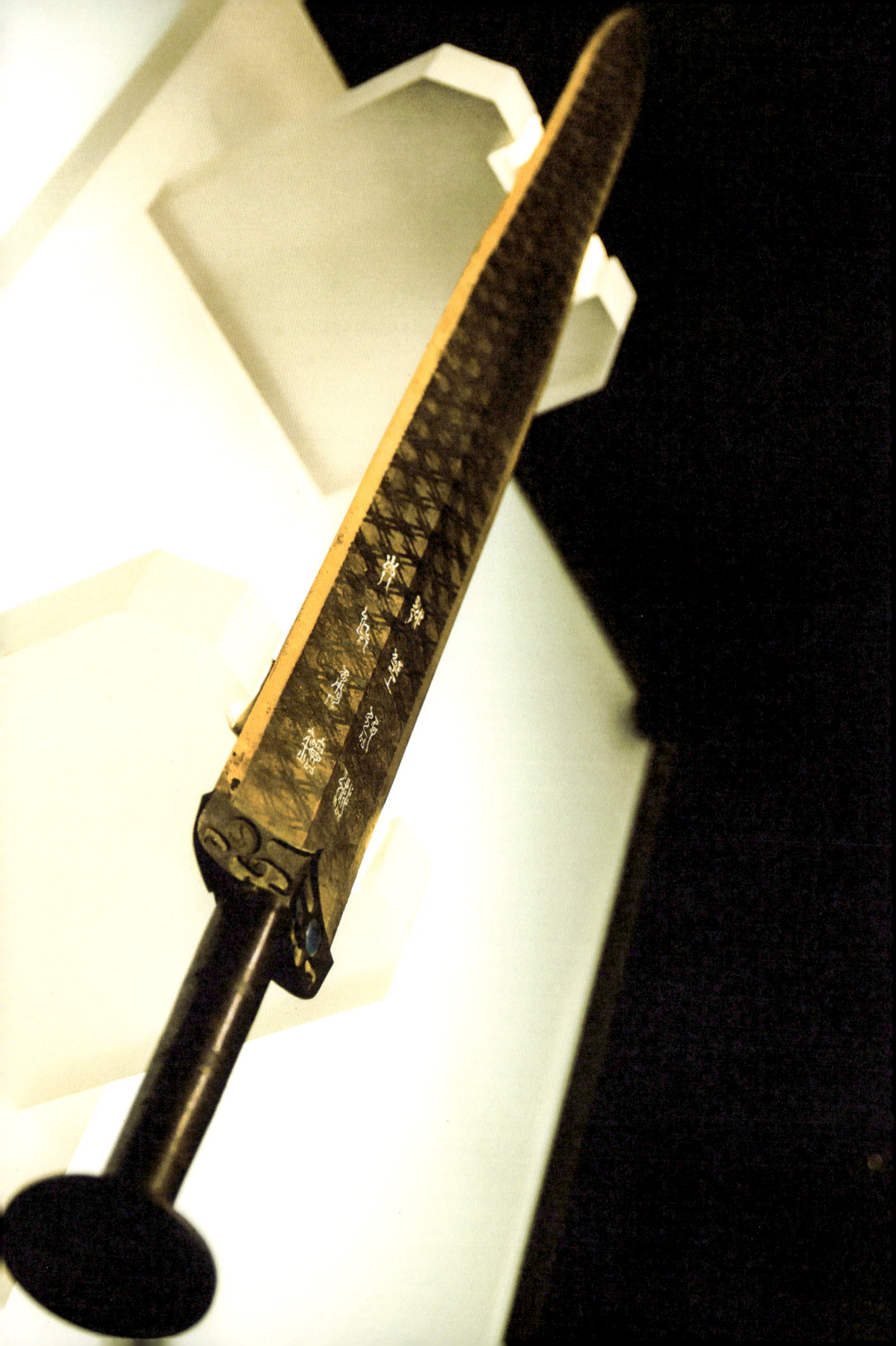

秦剑
Qinjian

一件作品

秦始皇兵马俑一号坑、二号坑所出土的青铜兵器中，最让人惊艳的要数锋利坚韧的秦朝青铜长剑。

秦朝青铜剑

这把秦朝青铜剑的剑茎（剑柄的古称）修长，分隔剑茎与剑身的剑格，凸起呈菱形，剑身如柳叶状又细又长，两面都有剑脊，剑尖极锐。它的总长度均达81～94.8厘米，远远超出战国时期其他诸侯国的宝剑（长度一般在50～65厘米）。

它们拥有着同样纤长流畅的出色外形，设计感十足，具有极佳的审美性。令人称绝的是，纵使它们于2200年前就被埋在黄土之下，一些剑出土时依旧毫无锈蚀，光洁如新，锋刃锐利。

公元前210年，秦始皇嬴政驾崩，他的陵墓选址在距离西安城30千米处。20世纪70年代，当地的老百姓在掘井时，挖出形貌逼真的兵马俑。经

秦始皇塑像

兵马俑一号坑

过考古挖掘，一个隐藏在地下2000多年的文化瑰宝终于现世，秦始皇兵马俑也被誉为"世界第八大奇迹"。在这一场考古挖掘中，除了栩栩如生的兵马俑外，出土于兵马俑一号坑的一批秦朝青铜剑同样值得关注，它们工艺精湛、造型纤长秀美，十分罕见。

秦剑的特点

用料讲究，钢刃锋利

秦朝青铜剑高超的锻制工艺体现在剑身上，它们的剑身十分纤薄，但剑却非常刚韧、锋利。

据说在考古挖掘的过程中，考古人员将青铜剑从泥土里拿出来时，不小心被它锋利的剑刃刺伤了手部，鲜血直流。有关专家曾做过试验，使用秦朝青铜剑能轻易刺穿18层的纸张。

秦朝青铜剑之所以如此刚韧、锋利，是因为铸剑师对于锻制原料比例的把控

秦剑　055

十分精准。

古代在锻制青铜剑的过程中，会使用到金属材料铜与锡，这两种原料的比例关系对于青铜剑的质地非常关键。如果锡少一点，剑身便会偏软，无法达到足够的硬度；如果锡多一点，则剑身容易脆断，根本无法抵御外力的冲击。

秦朝的铸剑师，没有先进的专业仪器与系统的科学理论支撑，却能够将剑身打造得如此纤薄，如此刚韧、锋利，极为不易。

更加令人感叹的是这些青铜剑的剑身上有8道棱，棱与棱整齐分布，毫无错乱的痕迹，它们之间的距离十分精确。经过专业的工具测量，这8条棱构成的棱面，相互的误差不足0.07毫米。这样的误差，不到一根头发丝的宽度。由此可见，秦朝青铜剑锻制工艺相当精湛。

工艺独特，铬盐氧化技术领先世界两千年

相信很多人会好奇，为什么秦朝青铜剑被掩埋在黄土之中2000多年，出土的时候仍然光亮如新，不见锈迹呢？

根据专家检测结果显示，秦朝青铜剑的表面覆盖了一层铬盐化合物，虽然它的厚度只有薄薄的10微米，但是却成功防止了铜器被氧化，哪怕在泥土之下埋藏了2000多年，也不会被腐蚀。

"铬盐氧化"的制作方法，相当于近代才出现的铬化处理技术，又类似"形态记忆合金"的先进工艺，具有超弹性。这也是秦剑被沉重的陶俑压斜剑身还能反弹复原的原因所在。

铬化处理这项专业技术，经过工业革命后的机械制造强国——德国，也是在20世纪30年代才发明。世界科

陶俑

技实力最强的美国，也是在20世纪50年代初才发明出来，并申请了技术专利。

然而，中国早在秦朝，就已经能够成熟应用"铬盐氧化"的工艺方法。从秦始皇兵马俑一号坑出土的青铜剑，不仅全无锈迹，且数量多达19把，每一把都一模一样。经过学者们的观察与研究表明，这一批青铜剑并没有使用痕迹，说明在作为随葬品之前，它们都是崭新的。

古代铸剑

造型纤长、秀美

秦朝青铜剑的剑身如柳叶状又细又长，两面都有剑脊，长度甚至达到80厘米以上，富有光泽且平滑，没有粗糙的沙眼，看起来十分秀美。

纤长、秀美的造型是秦朝青铜剑的一大特色，使得它们与战国甚至更远的西周时期的青铜剑都不一样。秦朝之前的青铜剑，它们的剑身偏肥厚，并且长度为30~60厘米，相对来说较为短促。

浙江湖州博物馆里珍藏了一把楚国青铜剑，距今有2000多年的历史，它的剑身宽厚，长度在46厘米左右；而在湖北省江陵县望山楚墓遗址出土的越王勾践剑，剑身长达55.7厘米，剑宽4.6厘米。

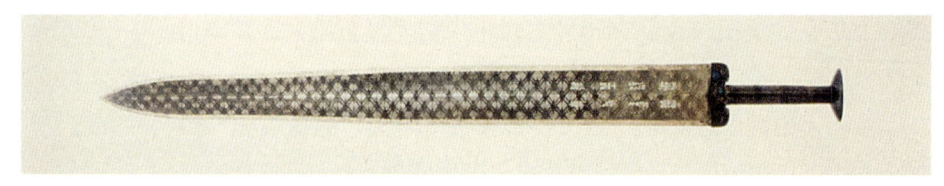

楚国青铜剑

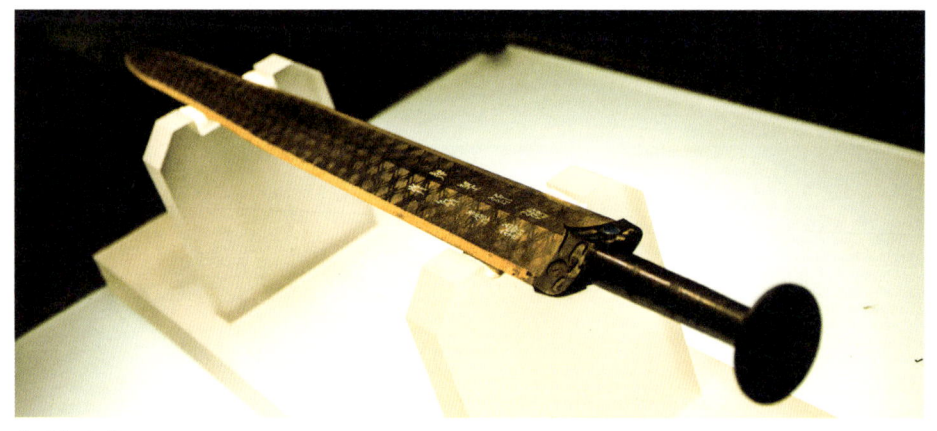

越王勾践剑

这两把青铜剑是秦朝之前青铜剑的典范,虽然在造型上也讲究,不过都没有秦朝青铜剑的纤长、秀美,缺少了独特的流畅之美。

秦剑的用途

武器

在中国古代,常见的青铜兵器有青铜矛、青铜戈、青铜钺、青铜弩、青铜斧等,青铜剑是战争当中使用频率很高的武器之一。

青铜剑在制造时,会使用到铜、锡这类重金属,因此会比较厚重。对于使用青铜剑的兵士来说,一般需要双手的力量来支撑,个别剑身较短的青铜剑,可以单手挥舞。

当时,青铜剑起到的首要作用是穿刺,其次才是劈砍、划拉等功能。秦朝之前的青铜剑相对厚重,实际上不太适合将军与兵士使用,这种情况直到秦剑的出

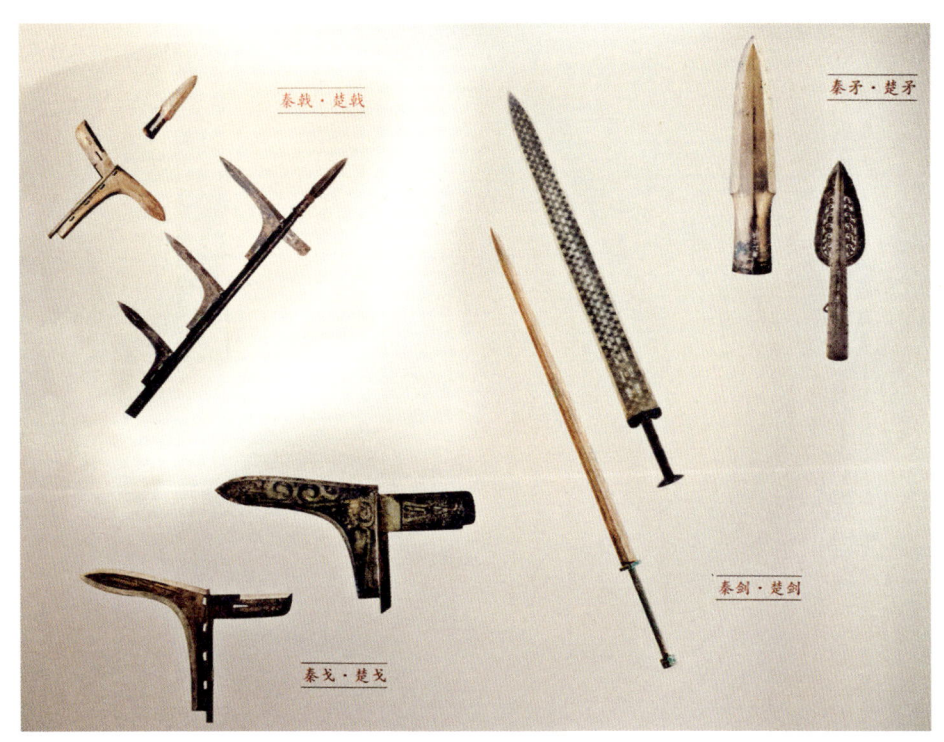

中国古代常见的青铜兵器

现才有所改善。秦剑的铸造在剑身上就更加纤长、流畅，长度增加大概30厘米。剑身的加长除了便于穿刺，同时一定程度上减轻了整把剑的重量，增强了使用的便捷性。

象征权力、地位的物品

中国秦朝时期的青铜剑不仅是作为一种战争中使用的武器，而且还是有一定象征意义存在，它象征着官职品阶、地位与权力。

司马迁在《史记·秦始皇本纪》中记载，"收天下兵，聚之咸阳，销以为钟鐻金人十二，重各千石，置廷宫中。"我们可以得知，秦始皇在扫灭六国，统一天下之后，便收缴了天下兵器，并铸造了重达6万斤的12个"金人"，安置在咸阳宫门外。以此可以看得出，秦朝对兵器的管制非常严格。

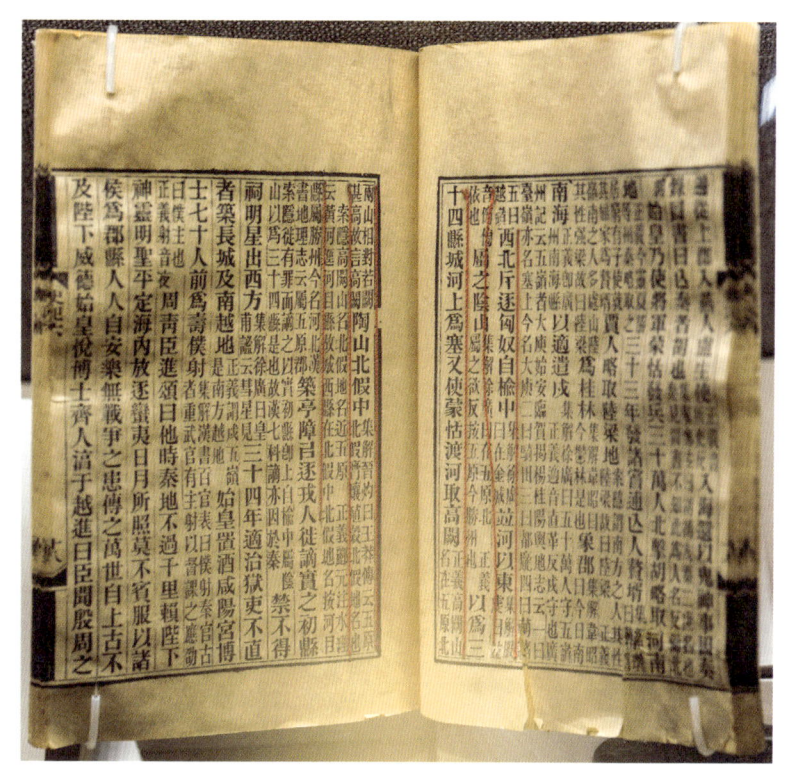

《史记·秦始皇本纪》

事实上，确实如此。在秦朝时期，制作兵器的地点与放置兵器的地点完全不同。对于制作完成的兵器，国家会建立管理兵器的库房，派专人把守，并配备盘点兵器的花名册，发放、领取兵器的登记册等。士兵尚且不可随意使用兵器，平民更是不可能接触到兵器。

如此看来，人人拥有与佩戴秦剑的情况，是不存在的。并且，古代的佩剑制度森严，普通士卒只能用刀，贵族及高级军吏才能日常佩剑。这样的情况，一直延续到唐宋时期。

在铁制兵器并没有出现之前，青铜剑不仅是一种强有力的武器，而且被用来当作区分职位等级、阶级身份、权力大小的象征物品。

一位有缘人

秦朝的青铜剑，兼具实用性与审美性，并且制作工艺精良，掩埋在黄土之中数千年而不腐朽，可惜秦剑的铸造工艺，消失在了历史的长河中。

正当人们因无法还原秦剑的铸造而感到失望时，一个人的出现改变了这遗憾的结局。他就是秦朝文物研究、复原专家——毛乃民。

秦朝文物研究、复原专家毛乃民

复原秦剑的初衷

1954年出生在陕西省西安市周至县的毛乃民，专业从事秦兵器实验考古研究，源于一次偶然的出行。

大雁塔下的触动

毛乃民早年间曾入伍当过兵，退役后回到了家里。在四十几岁时，毛乃民在家做生意，积攒了丰厚的积蓄，还有一个可爱的儿子。从商与从事文物研究与兵器的复原工作之间，没有什么相关。

有一日，毛乃民与儿子在大雁塔下逛文玩街，见到孩子对着粗制滥造的古剑爱不释手，他意识到制作"古剑"也许是一种新的商机，但转念一想，毛乃民顿觉悲从中来，因为他想：咱的祖先有那么精美的剑，市面上的工艺品却都做得这

位于陕西省西安市大慈恩寺内的大雁塔

样粗糙,我为啥不能仿做些高质量的古剑?

面对传统铸剑手艺的失传,毛乃民看到了高仿古剑的巨大市场,同时他的心里也十分痛惜老祖宗的手艺失传了。

带着强烈的不甘,作为一名文物复原的门外汉,毛乃民生出了复原秦剑、秦朝兵器的念头,从此一发不可收拾。

十四年磨一剑

毛乃民虽然怀着极大的热情，但是面临的困难是复杂、多样的。首先，他并没有制作工艺工程的理论基础知识和经验；其次，他甚至没有真正接触过文物。秉承着不会就要学，不懂就要问的钻研精神，从1994年开始，毛乃民开始频繁地出入博物馆、古玩市场、书店，学习文物知识；并且经常拜访文物考古学泰斗袁仲一老先生，请教他各种兵器制作的问题。学习的过程如此漫长，花了他整整十年的时间准备。直至2004年起，毛乃民才着手铸造秦剑。

当时，毛乃民在自家顶楼搭建了简陋的工作室，购入了车床、电砂轮等仪器，打造的是秦始皇陵一号铜车马驭官佩戴的青铜剑。

由于家里的制作环境简陋，根本没有仪器将青铜剑熔炼。于是，毛乃民花了重金找工厂帮忙代熔。

青铜剑的模具也是毛乃民亲手制作，包括剑身、剑鞘、剑茎的锻打、磨制、组装，一切亲力亲为。

经过3年的研究制作，他的第一把秦青铜剑才初见雏形，却因达不到自己的标准，被销毁了。

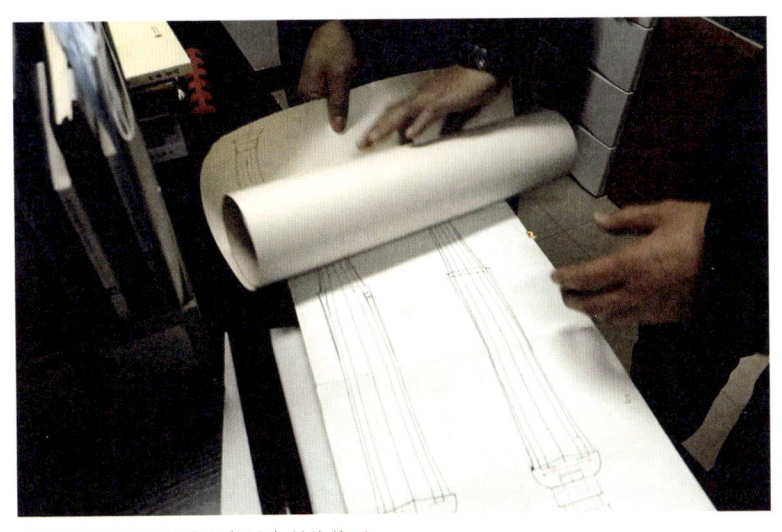

毛乃民孜孜不倦地进行复原秦剑的钻研

在不断摸索当中，毛乃民在2008年制作完成了第一把秦式青铜剑。这把秦剑的剑身长达90厘米，呈柳叶状，兼具两面剑脊、8个棱面，呈现出黄橙色，冒着冷光。这把剑继承了古代青铜剑的厚重感，维氏硬度值高达290，十分锋利，可以穿刺多层牛皮，形成杀伤力。

毛乃民制作的秦剑，不仅十分锋利，并且有着纤长、流畅的外形，因此获得了国家产权局颁发的外观设计专利证书。

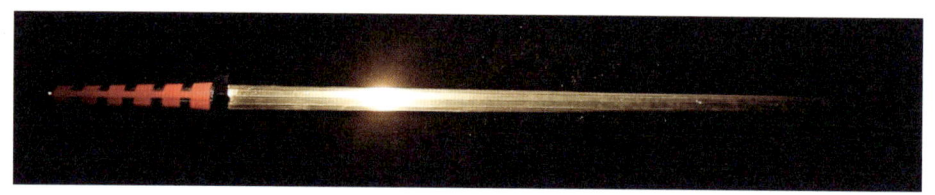

毛乃民制作完成的第一把秦式青铜剑

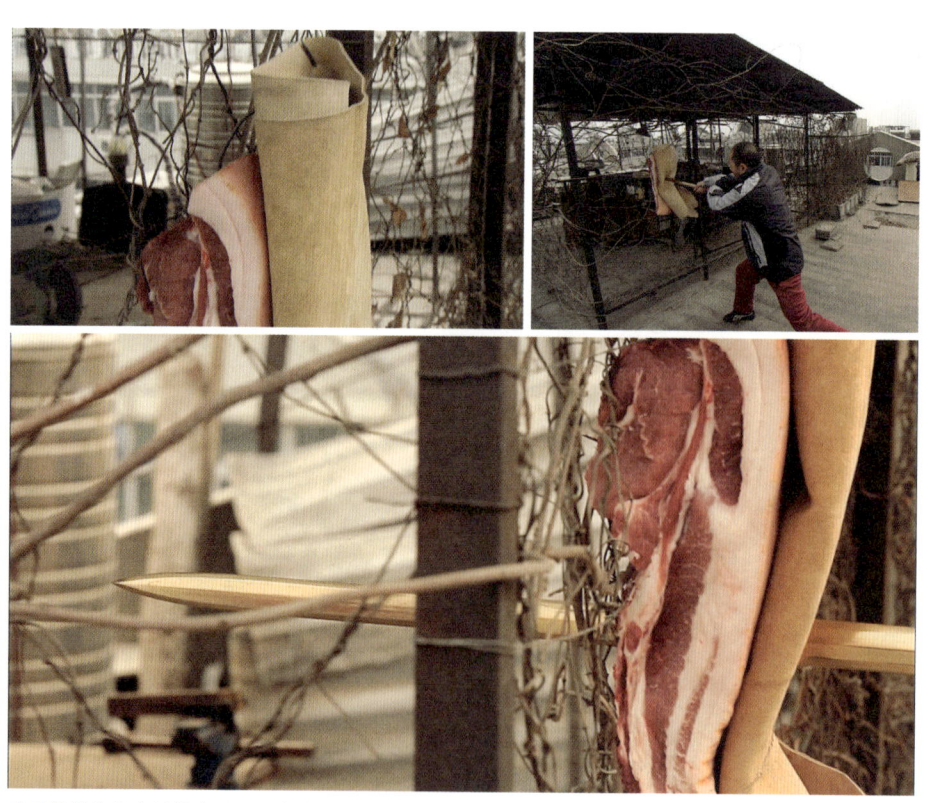

毛乃民制作的秦剑具有强大的穿刺能力

实验考古的研究方法

毛乃民制作、还原秦朝的青铜剑的过程还采用了实验考古的方法。这种研究方法，需要耗费大量的人力、物力。毛乃民为了研究工作，也曾经散尽百万家财。

实验考古又称模拟考古，是考古学的一个分支学科。

在运用实验考古学制作兵器的过程中，需要做大量的模拟实验，并且实验的环境，要求极高。不仅要重建古时候的人文环境、生活场景、兵器的使用场景，还需要深入实验环境当中，研究与琢磨古人的思维方式，模拟他们的行为。通过一系列的实践、实验，达到再现古代人类制作工具、兵器等技艺的目的，这是进行实验考古的最终目标。

毛乃民开始实验考古学研究工作时，也遇到许多问题，但是他一一将其克服了。为了准确把握秦兵器的时代特点，他还对每种兵器的历史演变及原因亦进行深入研究。

终于，功夫不负苦心人。毛乃民不仅成功复原了秦剑，还复原了秦盾、秦弓、秦弩等十大类、三十多种秦军实战兵器，还再现秦代"工师"制作兵器的工具、设备和技艺。

作为将传统手艺发光广大的传承人，毛乃民的先进事迹也吸引了中央电视台、陕西电视台、《人民日报》《陕西华商报》《三秦都市报》等诸多电视台与报刊媒体的争先报道。

毛乃民复原的秦剑受到人们的关注

一门手艺

根据模拟考古学的方法，毛乃民复原出了秦朝的青铜剑制作技艺，这能够让我们更加深入地了解秦剑。

青铜剑在功能与外形上多有不同，它们在制作工序也有所区别，不过有六个步骤是不能够省略的。

步骤一：制模

青铜剑的模型并不难制作，首先选用泥土捏造出青铜剑的基本形状，如果想要青铜剑上边有一定的纹饰、图案轮廓，那么制作完成的泥模上面刻出便可，想要部分突出可以另外制作粘贴在泥模表面。

步骤二：翻范

翻范指的是铸剑人将调制好的泥土用按与贴的手法，将泥土贴在泥模的表面，然后用双手拍打一定的力度，使得泥模的外形与纹饰、图案一并被印在泥片之上的过程。

这个步骤当中，泥土的准备非常重要，操作者如果选用的是一般的泥土，需要特别留意它的透气性，有时还要加入草屑、木屑等，那样翻范时泥模与泥片才不易变形。

步骤三：合范

翻范步骤完成后，操作者需要将泥片划分为两个部分，并从泥模上取下，放入火炉中烧制成陶范，那样能够保证范的坚硬、牢固。烧制完成的陶范，两面拼接在一起称为"外范"。

此时，泥模还是有用的，将泥模的表面用刀具削薄，它就成了内范，内范与外范的距离便是青铜剑的厚度。

步骤四：熔炼

制作青铜剑的原料为铜与锡，这些原料都要经过高温熔炼去除杂质，熔炼时温度的把握相当重要，太高或太低的温度都会影响青铜剑的质量。在现代，有专门的设备检测熔炼的温度，在古代只能靠铸剑师的眼睛去观察火势，按照经验来推测合适的温度了。

传说，古代的炼丹家在炼制丹药时，会通过烟雾的颜色辨别温度是否适宜，当肉眼可见纯青色的火焰冒出时，便表示炼丹成功了，这也可用成语"炉火纯青"来形容。

其实在青铜剑原料的冶炼过程中，观察气体的方法同样适用，当铜、锡原料熔化，便会挥发出青气，此时有经验的工匠便开始进行下一个步骤了。

步骤五：浇注

浇注指的是将铜锡液体注入陶范的过程。此时的内范在外范的里边，浇注的范围在两者之间，待到铜锡液体冷却凝固后，便可以将内外范都打碎，并取出铸成的青铜剑。

步骤六：修整、打磨

　　青铜剑浇注完成后，它的外形还很粗糙，可能分布着许多毛刺，并且纹路、图案都不清晰，还需要用锤子、锉刀等工具进行修正与打磨，只有经过磋磨，它才能变得精美。

古代制造兵器场景

一方水土

秦剑因精湛的铸造工艺而闻名世界,但它产自何地呢?许多人都有这样一个疑问。

在秦朝时期,能够制造与生产兵器的地方有三处,都是在陕西省内,分别是雍城、栎阳与咸阳。

雍城——"青铜器之乡"

雍城有着得天独厚的自然条件,盛产青铜器,它坐落在陕西省宝鸡市凤翔区,被称为"青铜器之乡"。

公元前677年,它是秦国的都城,作为都城的时间将近300年。雍城地理位置优越,四通八达,有肥沃的平原、高耸的山峰。

最为重要的是,它具有丰富的矿产资源,已经开采的矿产地有200多处,珍稀矿产种类达到45种之多。这些矿产资源,为兵器的制造提供了良好的条件。

宝鸡市拥有中国规模最大,也是唯一的青铜器博物馆——宝鸡青铜博物馆。

在宝鸡出品的青铜器数量最多,达上万件,并且工艺最为精湛,有大盂鼎、散氏盘、毛公鼎、秦公钟、蒜头壶、青铜戈等。

雍城在陕西宝鸡凤翔境内

❀ 栎阳——兵器生产基地之一

战国时期，栎阳是秦国的都城，它的大概位置在今陕西省西安市阎良区武屯镇官庄村与古城屯村之间，它的地理位置优越，除了东、西两个方向通行之外，还可以北上太原，有着极高的军事战略价值。

当年，秦国率军攻打赵国便是从栎阳城出发，在灭六国统一中原之后，栎阳备受皇家的瞩目，成了主要的交通干道。秦始皇三次带军队出巡都经过栎阳官道回到行宫。大批的商人、旅人从中国的东、西、北三个方向汇聚于此，造就了栎阳都城的繁华。

司马迁在《史记·货殖列传》中提道："献公徙栎邑，栎邑北却戎翟，东通三晋，亦多大贾。"

栎阳的地理位置优越，它可以大力发展商业，并促进手工业的发展，培养高水平的工匠。而交通的便利，利于运输制作兵器用到的矿石等资源。

经过考古学家的考证，栎阳曾经是秦国重要的兵器生产基地之一，这里生产着大量的兵器，不仅设有工官管理着制作兵器的工匠，而且还有专门的工室存放兵器。

在已经挖掘的遗址中，出土了战国晚期的青铜斧、青铜戈，这些青铜兵器的制作水准都相当高。

咸阳——大量囤积兵器之所

咸阳在春秋时期被称为"渭阳"，它是秦朝的都城，现今的位置在陕西省咸阳市附近，秦朝时期的咸阳城都已经被掩埋在黄土之中了。

公元前350年，秦孝公定都咸阳，它成了秦国的政治、经济、文化中心，秦国的君王在咸阳励精图治114年之久，为后来统一六国奠定了基础。

根据史料的记载，专家推测在秦朝时期咸阳是一个繁华的大都市，很多外国的历史书籍中还将古代的中国称为"秦"，由此可见秦朝当时的国力强大，作为都城的咸阳城想必也是热闹非凡。

秦朝的君王出于安全考虑，在咸阳设置了管理兵器的机构，称为"武库"，有专门的人员看守，武库内囤积了大量的兵器，同时也生产兵器。

虽然，在考古界没有任何关于武库的文物出现，但是专家根据现存的史料，得出了一个有力的信息：

在秦二世的统治时期，曾经爆发过一场声势浩大的农民起义，起义军打到了咸阳境外。当时，朝廷并未慌张，而是立即下发了30万兵器给到了还在服劳役的犯人手中。

足以见得，咸阳城当时的武器装备多么齐全。

秦咸阳宫复原模型

一段历史

❀ 秦剑的挖掘

1994年,考古学家在挖掘秦始皇兵马俑一号、二号坑时,在两坑的交界处发现了一把秦朝的青铜剑。

当时这把青铜剑,被重达300斤的陶俑压着。它的剑身被压弯了,弯曲的弧度达到45度之大。负责该项目考古挖掘的工作人员,都遗憾地认为这把青铜剑已经被沉重的陶俑所折断。

一号坑兵马俑

不曾想,当工作人员将沉重的陶俑抬起时,奇迹发生了!这把被压住几千年的青铜剑,剑身轻轻反弹,瞬间变得平直,仿佛从来没有被压弯过一样。这样前所未见的青铜剑,让在场的人都惊呆了。

大家都对这把秦朝的青铜剑产生了浓厚的兴趣,经过专家的一番研究,他们发现此把秦朝的青铜剑,可以说是古代青铜剑水平极高的典范了。

不过,这也符合历史实情,纵观我国古代青铜剑的铸剑历史,便能发现秦国时期铸剑技艺已经相当成熟。

❀ 古代青铜剑的铸剑历史

古代青铜剑的发展从商代开始,春秋战国时期,技艺达到成熟,西汉中后期逐渐衰落，被铁器所取代。

商代的手工业发展迅猛，青铜器的冶炼与制作已经相当成熟，但是青铜制作的手艺，经常用于日常器具，如礼器、酒器的制作。最出名的后母戊大方鼎重达875千克，代表着商代青铜铸造业的最高水平，而关于青铜剑的铸造技艺还十分粗糙。此时的青铜剑的剑身短小，形状如柳叶。

到了春秋时期，青铜器的冶炼技术逐渐成熟，青铜冶铸方面发明了错金、错银、嵌红铜等创新工艺。

杰出的代表作是1965年湖北省望山楚墓群一号墓出土的越王勾践剑。它的剑茎长8.4厘米，剑宽4.6厘米，剑身长达55.7厘米，布满黑色菱形暗格花纹，透着低调奢华的质感；剑上还有越王勾践自行雕刻的鸟篆铭文，绝无仅有；剑格镶嵌着的蓝色琉璃珠与绿松石，也十分华丽。

据说，这把剑极有可能是越王勾践赐予女儿的嫁妆，被当作随礼带到了楚国，还有专家认为这是越王勾践征战时，获得的战利品，勾践死后被作为陪葬品使用。

而战国时期青铜器的冶炼，仍然占据着重要的地位。除了青铜剑外，还涌现出了更多的兵器类型，比如斧斤、戈戟、大刃、削杀矢、鉴燧等。而冶铁技术已经过了流行期，也得到了大发

越王勾践塑像

展，20世纪50年代，中国各地都出土了很多铁制文物，其中就包含有兵器。

　　秦朝时期，青铜剑延长了剑身，变得纤长、秀美，具有极高的弹性，十分锋利，并且在重量上变得更加轻巧，独特的铬盐氧化工艺更是让青铜剑保持了光洁如新，可以说达到了青铜剑铸造技艺的巅峰。

　　西汉时期，冶铁行业出现了较大规模的作坊，不仅可以生产出铁制的长剑，还制造出了长矛、大刀等兵器，青铜剑也渐渐被铁制兵器所取代。

一袭传统

❁ 秦剑与武将

　　秦朝统一六国之前，经历了诸多战争。秦人尚武的传统，在许多影视剧中都有表现，在历史上秦武王嬴荡就天生神力，喜好跟人角力。

　　怎么样才能体现武将的英勇呢？此时，秦式青铜剑的存在，完美解决了这个难题。

　　秦剑的制作有统一的标准，有专门的工匠，并配有专门的工师，管理、监督铸剑工匠。如果工匠偷懒耍滑、技艺不精，还会受到经济制裁、肉体的折磨。制成的秦剑，除了用来打仗，还用来装饰。

　　有一定品阶的武将，都会随身佩带秦剑。一方面是秦剑比长戈、弓、弩更加轻巧、实用；另一方面秦剑佩带起来，确实会比其他武器美观，适合武将们日常使用。包括秦始皇在内的君王，也会给自己佩带宝剑，佩剑在当时已经是一种礼仪的佩饰和一种必然的需要了。

❁ 秦剑与殡葬

　　秦朝经过商鞅政治、经济改革后，文化宗法制度也变得分明起来。秦朝祖先们也十分重视礼教，礼器制度完善。

　　中国社会几千年来，受到"落叶归根"传统思想的影响，人们都十分注重逝世后的归宿。所以人在死后进行墓葬，并在陵墓里放入随葬品这一风俗习惯的形成，并不奇怪。

令人心惊的是，古时候曾发生过用活人殉葬的事实，这实在太过残暴。

而一向以残暴形象出现的秦始皇嬴政，对待活人殉葬的态度，却与别的君王不同。在他死后，并没有像之前朝代的君王一样，用大量的活人殉葬，而是只做了精美的兵马俑作为自己的随葬品。当然，秦剑也被皇族作为随葬品，跟随着秦始皇埋葬于陵墓之中。

秦始皇的这个决定也具有非常大的历史意义，让兵马俑与秦剑在两千年后重现于世，为大中华的文化历史填上了浓墨重彩的一笔，给我们留下了无比珍贵的精神财富。

当然，秦人这样的殡葬风俗，没有延续至今。

泥塑的兵马俑

秦剑的传承

陕西省西咸新区有一座以秦文化为主题、秦军事文化为重点的大秦文明园。园内仿建了秦时关中地区自然田园生态，原生树木、水草植被，建筑采用的是秦时宫廷、村落、房舍的风格；并以秦国时期的"农战"国策、军事文化、生产生活、文化艺术为表现重点，进行了秦人制作兵器、操练、征战等场景及日常生产生活等场景的再现。

生活场景的重现让当下的人们体会到大秦帝国的文化与历史。而在众多的文化符号中，秦剑的时代印记更加突出，作为一门古老的手工金艺，它需要被保护，更需要被传承。

在西汉末期，冶铁业兴起，青铜剑不再兴盛，秦剑业逐渐淡出历史。但是秦剑仍然是秦朝文化的沧海遗珠，它是历史的见证者。

从1994年秦剑出土后，它已经在秦始皇帝陵博物馆展览了28年的时间。人们通过秦剑，仿佛穿越了几千年的时空，感受到了曾经辉煌、灿烂的秦朝兵器文化，也开阔了自身的眼界。无论是从民族情感上的认同、共鸣，还是单从古代铸剑技艺的欣赏来看，它的存在都意义非凡。秦剑，是秦朝文化的重要载体，通过对秦剑的介绍，让更多人了解到先祖的智慧。

大秦文明园里的塑像

在民间，毛乃民是传播秦剑与秦文化的推进者。他从文物考古界的门外汉，到复原秦剑及十多种秦朝兵器的文物建造专家，整整花了25年的时间，在这个过程中，秦剑文化也得到了很好的传播。时光荏苒，转眼千年，秦剑不该只驻足在博物馆中，更应该走进当下手艺的传播与传承里。

秦始皇帝陵博物院

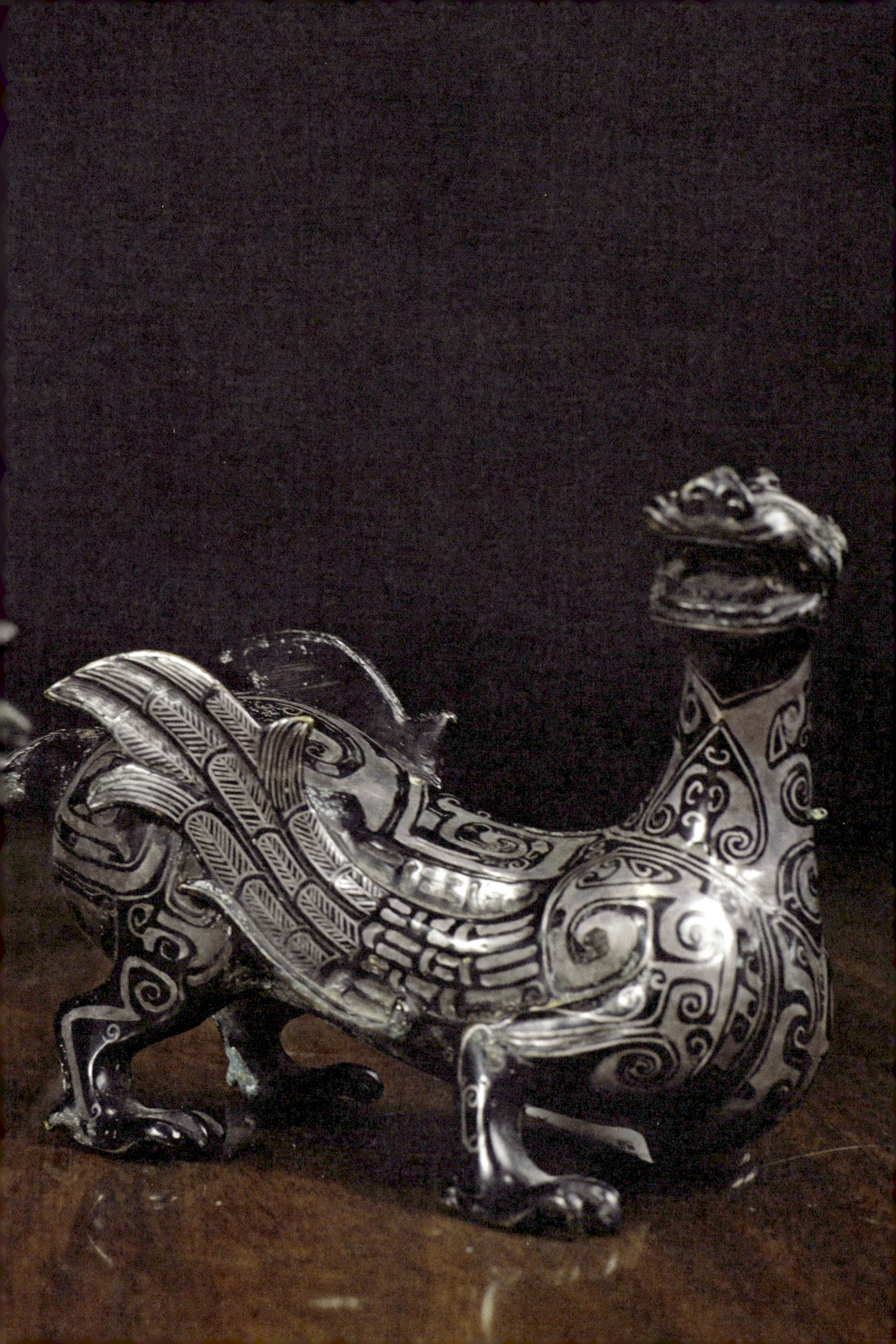

中山国青铜器

Zhongshanguo Qingtongqi

一件作品

在我国考古挖掘的属于战国时期的中山王墓里,出土了数万件精美绝伦的珍贵文物,其中最为出名的是被称为"中山三器"的铁足铜鼎、夔龙饰刻铭铜方壶和胤嗣刻铭铜圆壶。

夔龙饰刻铭铜方壶的高度为63厘米,壶身最大直径为35厘米,重量达54.44斤,它的造型十分别致,壶身雕刻了纤细优美的篆文,四个龙形壶把给人以栩栩如生之感。

而胤嗣刻铭铜圆壶是中山王姬𧊒悼念父亲所做的礼器,采用的是圆润的弧形设计,配有两个圆环壶把,一个精巧的壶座,壶身、壶足上镌刻了朴茂工稳的悼铭文,具有独特的艺术特色。

"中山三器"中铁足铜鼎总高度为51.5厘米,鼎腹的直径为22.6厘米,重达120斤,需要两个人合力才能将其抬起。铁足铜鼎有两只鼎耳,三只鼎足,一个半圆形的鼎座,它周身雕刻了秀丽飘逸的铭文,略带斑驳的锈迹显露出岁月的痕迹。

战国中山王铁足铜鼎

夔龙饰刻铭铜方壶　　　　　　　　　　胤嗣刻铭铜圆壶

❀ 中山国青铜器的特点

　　中山国是战国时期的"千乘之国",有着灿烂的青铜器文化,从中山王姬厝的陵墓中出土的青铜器数量众多、种类丰富,有礼器、乐器、灯器、生活器具等,它们的制作工艺各式各样。

❀ 独特的装饰技艺

　　众多的中山国青铜器中,线刻、镶嵌、鎏金、涂漆等技艺的使用使得青铜器在外观上更加精致华美。
　　线刻技艺指的是用锋利的刀具,在铸造好的青铜器上刻划纹案或是字体。上文提到的"中山三器"——铁足铜鼎、夔龙饰刻铭铜方壶与胤嗣刻铭铜圆壶,均使用了当时极为流行的线刻技艺，用细如发丝的线条，将铭文流畅地刻在了壶身、鼎腹。

在青铜器的装饰工艺中，镶嵌的技艺也频繁出现，可以用来镶嵌的材料有绿松石、红铜、金、银、宝石等，其中绿松石经常镶嵌在青铜器动物形象的眼睛、鼻子、嘴巴上边，偶尔也会将绿松石的镶嵌技艺与别的技艺相结合使用。

在青铜器上镶嵌金、银，到底如何操作呢？它并不是大面积地使用，而是用少量的金、银作为装饰物进行镶嵌。在已经出土的中山国青铜器中，像金银神兽、错金银牛屏座都使用了镶嵌的装饰工艺，塑造出了活灵活现的动物形象。

错银双翼神兽

珐琅彩犀牛工艺品

双翼神兽工艺品

鎏金的装饰工艺在中山国青铜器的使用并不广泛，只有少许文物的制作用了此种技艺，如匕首、带钩、虎形牌饰等。

如果我们仔细研究中山国青铜器，肯定能够发现它的装饰技艺经常会组合在一起使用，如中山王姬厝为自己父王所制作的胤嗣刻铭铜圆壶，就镶嵌了红铜与绿松石并且填上了漆，只是从图上看起来不明显。

中原与白狄纹饰习惯的碰撞

春秋时期，白狄族中的一支建立了中山国，早期它的国名叫鲜虞，与中原的文化并不相同。

商周时期中原人在制作青铜器时，喜欢用纹饰来装饰青铜器，如夔龙纹、蝉纹，战国时期中原人流行用蟠螭纹、蟠虺纹、陶索纹、勾连雷纹、菱形纹、三角纹等。

中山国青铜器　　085

而白狄人喜欢使用了大量的鸟兽纹饰来装点青铜器，像老虎、野鹿、小鸟、牛、羊、马等动物。从中山王墓出土的文物虎噬鹿屏风底座，就非常符合白狄人的文化审美。

蟠螭纹铜鼎

珐琅彩虎噬鹿工艺品

珐琅彩龙凤工艺品

丰富的铭文内容

中山国青铜器上雕刻的铭文内容十分丰富,有歌功颂德的记事类铭文,如中山王姬厝为自己父王所制作的胤嗣刻铭铜圆壶,上面的铭文内容不但歌颂了父王的贤明厚德,还强烈表扬了相国司马赒讨伐燕国取得的优秀成果。

而铁足铜鼎上的铭文,则是记载了相国司马赒如何

物勒工名类器物——西汉阳朔铜锺

率师伐燕、扩大疆土的经过，告诫后代居安思危吸取历史教训。

中山国青铜器上雕刻的铭文内容出现最多的应该是物勒工名类。"物勒工名"是春秋时期一种器物的管理制度，当工匠们制作完成一件器物后，需要在器物上刻上自己的名字、器物的完成时间、所在的部门等。

最后，中山国青铜器上雕刻的铭文内容还会涉及所铸器物的名字、大小、尺寸等，当然这是针对品质、规格要求高的器物才是如此。

巧妙的构件设计

中山国青铜器除了在制作工艺上相当精湛之外，它们的构件设计也十分巧妙。我们都知道在中山王墓中出土了种类丰富的青铜器，其中有乐器、礼器、日常器皿等，还有不少的青铜构件。这些小构件不仅起到加固、连接器物的作用，而且还大大方便了安装与拆卸。

十五连盏铜灯是青铜构件设计机巧的代表之一，它整体的高度约83厘米，是战国时期出土的文物中最高的灯具，犹如一棵枝繁叶茂的大树一般，枝干上边错落分布着15盏油灯，还添加了人、猴、鸟等元素，构思奇特，饶有趣味。

最为难得的是，它的15座灯盏可以根据需求进行拆减，或是组装，从一个小小的使用细节，就可以感知到它整体的构件是多么巧妙了。

十五连盏铜灯

❁ 中山国青铜器的用途

面对如此丰富多样的中山国青铜器，想必大多数人心中都会好奇，这些青铜器在古时候用来做什么呢？

如果将古代青铜器按照用途进行划分，大致可以分为礼器、日常器皿、生产农具、兵器等。中国出土的中山国青铜器类型，分别有鼎、匜、甗、豆、壶、盘、簋、勺、敦、豆形釜、盉、剑、斧、凿、瓿、戈、匕、锥、锛、镞、马衔、铃等。

❁ 礼器

在中国古代等级制度森严，奴隶主或是贵族阶层在进行祭祀、宴请、朝聘、征伐、丧葬等活动时都需要遵守一定的规矩与章程，青铜器并不能随意使用，特别是一些作为礼器而存在的青铜器，如鼎、匜、盘、豆等。

鼎有三足鼎、四足鼎之分，原本它是用来烹饪的器物，在中山王墓出土的铁足铜鼎刚挖掘出来之时，足部已经有明显燃烧过的痕迹，并且鼎的内壁还残留了肉羹的结晶。

相传，远古时期夏禹曾收九牧之金铸成了一个大金鼎，因为有了这个传说的加持，鼎在古代显得越发神秘，甚至发展演变成为皇权地位的象征和最高级别的礼器。

匜与盘皆是用来行沃盥之礼时使用的器物，沃盥之礼指的是在饮宴前后要洗手，而匜就像水瓢一样，用来倒水，盘则用来盛水。

中山国蟠虺纹兽首流嵌松石铜匜

❀ 日常器皿

古代的生活离我们实在太远了，很难想象祖先们日常都使用什么器具，幸好中山国的青铜器悄悄给了我们答案。

簠与敦不仅是祭祀用的礼器，还是饮宴时用来盛放黍米、稷、粱等饭食的器物。中山王墓出土的文物当中，还有两坛放置了2000多年的美酒，与美酒配套的青铜器有壶、勺、盉等，壶是一种盛酒器，勺是一种有柄的舀酒器，而盉则是用来调酒或温酒的器具。

中山国蟠螭纹铜簠

❀ 音乐器皿

有美酒佳酿怎么能缺少音乐呢？于是青铜乐器出现了，常见的青铜乐器有钟、铙、钲、铃、鼓等。

钟指的是编钟，它是一种重要的击打乐器，多用于宫廷王族演奏；铙与钲是军队当中使用的击打乐器，铃是一种手摇发声的乐器，鼓在乐曲当中的角色比较微妙，每首歌都需要用它的声音作为前奏，起引导的作用。

战国虎纹铜饶

❀ 生产农具

"男耕女织"一直是我国古代重要的生产劳作方式,在传统的农耕生活中,青铜器扮演着怎样的角色呢?

春秋战国时期常见的青铜器生产农具有犁铧、锄、镰、铲等,犁铧是安装在犁上,犁地破土的青铜器;锄指的是用来锄地的青铜锄;镰则是用来切割谷物杂草的青铜镰;铲是青铜铲,也是用于田间劳作的工具。

春秋战国时期的青铜锄

兵器

在春秋战国时期，铁制兵器还没有普及，因此常用的兵器类型是青铜兵器，其类型有戈、匕、镞、剑等。

戈指的是青铜戈，它的器身比较长装有长柄，是中国青铜时代最主要的常用兵器；匕指的是青铜匕首，比较短小，适合近距离搏斗使用；剑说的是青铜剑，它有柳叶状的剑身，制作工艺相对粗糙，不过它也是我国古代战争中经常使用的一种兵器。

战国青铜戈

一位有缘人

中山国青铜器的种类繁多、工艺精湛，有着极高的艺术价值，它的现世打开了尘封的历史，让世人看到了曾经辉煌强大的中山国。

当人们尽情领略中山国丰富多样的文化之时，黄军虎与黄子爵父子俩人的脸上露出了欣慰的笑容。

黄军虎

2021年10月18日，河北新闻电视台播报了一则振奋人心的新闻：河北省平山县三汲乡挖掘出土的中山王墓，正式被评为我国百年内百大考古发现。这一则新闻使得63岁的退休老人黄军虎倍感高兴，他想起了年轻时的一段往事。

从小黄军虎便生长在三汲乡，长大成人之后一直在外工作。1972年，考古学家在三汲乡挖掘出了文物之后，黄军虎被县文物监督管理局调往家乡，从事中山国文物的保护工作。

虽然黄军虎被调往了家乡工作，但是因为情况紧急，县里还没来得及建立办公地点，他与同事一行人只能在遗址旁边搭建了一个临时的住所，并取名为"守丘房"。

守丘房通电容易取水难，黄军虎与同事每隔一段时间便要到几千米以外的河边挑水，解决用水问题。此外，他们还像古代的守陵人一样，尽职尽责地守护着中山王陵。

自打中山陵墓挖掘出了宝物之后，便有一些不法分子动起了歪脑筋，有些猖狂的盗墓贼与利欲熏心的挖掘者经常趁着夜黑风高之时，带着工具到陵墓行窃。

黄军虎为了保护文物经常要起夜巡逻，一趟便要花上一个多小时，无论刮风下雨落冰雹，他都雷打不动地保持着这个习惯，一坚持便是整整27年的光阴。

1992年，黄军虎成为中山国古城遗址管理处的所长，他一直从事着中山国文化遗址的保护与宣传工作，直到退休。

"保护文物不是一件小事，这是祖先们留下的宝贵遗产，应该一直流传下去。"这是黄军虎老人经常挂在嘴边的话。

中山国考古探索中心

黄子爵

河北省平山县三汲乡有一个名为黄子爵的"80后"年轻人，他的父亲正是前面我们提到的黄军虎——一位文物保护工作者。

从小黄子爵便受到父亲的感染成了十足的中山国文化迷。每当父亲与考古学家谈论起中山国青铜器与中山国文明时，他都竖起耳朵聆听着，后来还学习了美术、书法知识与陶器的制作。

上大学时，黄子爵选择了和父亲职业相关的文物修复专业，学会了玉器、青铜器的修复技术。

从2012年起，黄子爵开始了中山国文物的制作，他早年间积累了许多关于中山国青铜器的知识，后来又请教了许多专业的文物学家，在自己不懈的努力下，终于完成了第一件中山国青铜器作品"双翼神兽"。这个作品一经展出便获得了大家的一致好评，甚至来自遥远国度的沙特王子都对其赞叹不已。

不久之后，黄子爵建立起了个人工作室，带领团队成员们研究铸造中山国青铜器的工艺，还成功制作出了许多精美的中山国青铜器。

目前，33岁的黄子爵担任着中山国王陵陈列馆的馆长一职，这个中山国文化馆是他带领团队筹集资金建立的，馆中收藏了极具动态美的错银双翼神兽、精巧绝伦的十五连盏铜灯、栩栩如生的虎噬鹿等难得一见的青铜器无数件。

在黄子爵等人的努力下，不但国内的朋友能够观赏到精美的中山国青铜器，连同中国香港、美国、英国、日本等十多个地区与国家的人民都能欣赏得到这些青铜器。

中山国青铜器已经走出国门，参与世界各地的文物展览，这引起了巨大的轰动，外国友人们纷纷感慨我国青铜制作工艺的精湛。

中山国王陵陈列馆馆长黄子爵

黄子爵正在专心修复青铜器文物

一门手艺

中国青铜器的制作历史可以追溯到夏代之前,发展到了春秋战国之时,制作青铜器的技艺已经相当成熟,在西汉末期时青铜器逐渐淡出了历史的舞台。

面对工艺如此精湛的青铜器,相信很多人都非常感兴趣它的制作流程。古代先人制作青铜器的方法叫范铸法,通常有五个步骤。

❀ 第一步:备料

制作青铜器时需要用到黄土,在挖掘出黄土之后,用浸泡、过筛、沉淀等手法加工处理黄泥,没有杂质、摸起来手感细腻的黄泥才是最合适用来制作青铜器的原料。

❀ 第二步:制模

古代青铜器的制作方法叫范铸法,又名模范法,需要先制好模,才能进行下一步处理,我们现在经常说的"模范"一词,便来源于此。

在此步,工匠需要将泥料用工具刮出相应的泥模,在泥模上工匠根据需要可以选择性刻上纹饰,之后将泥模阴干。

制作模型

修整蜡型

第三步：制范

  青铜器制作时，范可以分为内范、外范，它们合在一起称为合范，通常内范与外范会分开制作，内外范之间的距离构成了青铜器的厚度，青铜器表面上美丽的纹饰就是在外范上进行雕刻而产生的。

外范分为多个板块，制外范的时候需要将阴干的泥模用工具固定好，在外层填上泥料再压实，压实后便可以进行脱模、阴干了。

❖ 第四步：制芯

工匠做完外范之后，泥模的存在还是有用的，它可以用来制芯，也就是我们所说的内范，如果青铜器不制芯的话，那么它出来的样子就是实心的。

工匠在完成内范、外范的制作后，还要将它们阴干、焙烧，防止后期的干裂。

❖ 第五步：浇注

经过阴干、焙烧的内范与外范合在一起后，工匠便可将熔炼好的铜锡液体倒入范，等待青铜溶液凝固、冷却之后，即可将内外范一齐打碎，清理成型的青铜器时，稍加打磨便可。

值得注意的是，刚做出来的青铜器是银白色的，散发着淡淡的金属光泽，并不是文物出土时的铜青色。中山国出土的青铜器从制作到存放，历经千年的时光，已经因氧化、锈蚀变成锈绿色。

浇注铜液

一方水土

中山国的第四代君王姬厝死后，陵墓被安置在了都城灵寿边缘的陵山脚下，中山国灭国之后，灵寿城便消失在了地图之上。

直到20世纪70年代，考古学家挖掘了中山王墓，才确定了灵寿古城的位置是在河北省平山县三汲乡境内，这里出土了大量的中山国青铜器。

中山古城考古遗址公园

灵寿古城——平山县三汲乡一带

公元前381年，中山国第三代君王中山桓公姬恒将都城从顾城迁徙到了灵寿，也就是如今河北平山县三汲乡一带，这里成为中山国的政治、经济、文化中心。

战国时期，灵寿一直是一座非常繁荣、发达的城市，与各国都城相比较毫不逊色。

得天独厚的地理位置

灵寿古城背靠太行山，太行山像一道天然的"城墙"一般，将来自后方的敌人与潜在威胁挡在了山外，并且山林里各种药材、野生动物、矿产很丰富，为中山国的军事防备与生活物资需要提供了有力保障。

不仅如此，灵寿古城面向广袤的平原地区，肥沃的土地利于农耕，蜿蜒清澈的滹沱河从前面流过，不但解决了老百姓的饮水问题，还利于农田的灌溉，河里的物产丰富在一定程度上改善了人们的生活。

滹沱河生态湿地

中山国王陵陈列馆位于河北省石家庄市平山县中山古城遗址南侧

最主要的一点是，滹沱河将灵寿古城半包围起来，形成了像太行山一般的天然屏障，敌人想要横渡滹沱河对中山国发起进攻并不是一件容易的事。这对于经历过数次战争、国家实力薄弱的中山国来说极为重要，他们迫切地需要一个地方休养生息。

灵寿古城一带，原先便是鲜虞国的驻地，这里生活着大量的鲜虞人，他们与中山国人是同一脉的外来民族，生活习惯、民俗风俗甚至是精神文化都高度契合。

中山国的君王将都城新建在灵寿一带，正是看中了这里的群众基础牢固，将来发展农业与经济、实施政治改革都有了一个很好的前提条件。

灵寿的快速发展

在灵寿，中山桓公吸收中原文化革新了生产农具，将铁制农具推广到了中山国，大力发展农业生产。桓公逝世后，儿子成公继位，他继承先祖的遗风，颁布"招贤令"，广纳人才，任用了司马赒实行改革变法，借鉴中原的社会制度强大自身国力。

公元前328年，执政27年的中山成公去世，中山王姬厝继承王位后在相国司马赒的精心辅佐下，像先祖一样大力发展农业，并且依靠太行山丰富的矿产资源发展本国经济。他们在都城内规划了商业、手工业发展的区域，生产富有民族文化印记的手工艺品，销售到各国，吸引来了大量的商人来到灵寿经商贸易。

中山古城遗址城门夜景

此时，中山国的工匠们不仅能够制出大量精美的青铜器，还能铸造与发行青铜货币，成为少数能够制作与发行货币的国家之一，这足以见得中山国经济实力的雄厚。

中山王姬厝去世之后，将大量的青铜器作为随葬品带入了陵墓之中。中山国青铜器有力地证明了灵寿古城的繁华，当它们再次面世时，后人才深刻感受到了中山国手工业的发达、国力的强盛。

一段历史

❀ 一次震惊世界的考古挖掘

中山王墓位于河北省平山县三汲乡，是战国时期的中山国国王姬厝的陵墓。它位于太行山脉与河北平原的交界处、滹沱河的北岸，这样的地理位置是难得一见的宝地。

在很久以前，当地的老百姓纷纷揣测这一代有大的墓葬存在，考古学家陈应祺对此十分好奇，经常去三汲乡寻访。

战国时期的中山国国王姬厝的陵墓

1974年11月，忙着兴修水利的三汲乡的村民们在土地里挖出了几片古老的陶瓦片，接着又挖到了一块体积硕大的河光石，这可把大家吓了一跳。

　　因为河光石上面刻有16个俊秀飘逸的古老文字，当村民们找到考古学家陈应祺时，陈应祺看了看这文字形似小篆又不是小篆，只能推断出它属于春秋战国时期的文物。

　　随后，陈应祺只好求助于精通先秦文化的文字学家李学勤老先生，李老先生通过研究这块河光石刻有的文字，发现了一个重要信息：有位名叫公乘得的小官员，因为负有罪责被王廷安排了看守陵墓的工作。

　　李学勤、陈应祺等专家向河北省文物局汇报了这一情况后，河北省文物局便派出考古队到三汲乡周边进行探测挖掘。他们从三汲乡陵山脚下挖到了穆家庄西部方向，并成功挖掘出了一个富有战国时期墓室风格的中字形王侯大墓。

　　令人失望的是这一座大墓早年间已经被盗墓贼洗劫一空，不仅墓主人的棺椁不见了，而且到处是盗墓贼放火焚烧的焦黑痕迹。

中山国国王姬𧊒陵墓遗址

柳暗花明又一村

不久后，考古学家在挖掘两座大土丘时，又一座大墓被挖开，这就是著名的"中山三器"出土的陵墓，专家根据青铜器上的铭文内容，得出了一个结论：这座陵墓是中山国国王姬厝的埋骨之地。

随后，考古人员在厝王墓周边挖掘出了1000多座陵墓，这无疑证明了一点，此地就是中山国王族的墓葬所在。

从中山王墓出土的文物有19000多件，种类繁多，有青铜器、铁器、玉器等，光是出土的玉器就高达3000多件，它们造型独特、做工精巧，被尘封在地底下，穿越了2000多年的时光与我们相遇，折射出中山国曾经的灿烂与辉煌。

中山国王陵陈列馆内部文物

中山国王陵陈列馆中厅大殿

中国青铜器的发展史

在详细了解了中山国青铜器之后，我不禁对中国青铜器的铸造历史产生了好奇，青铜器究竟是从什么时候开始生产、制作呢？

陕西省姜寨遗址出土的文物中，有古老的黄铜残片若干，根据专家检测得知，这些黄铜片从制作伊始至今已有6500～6700年的时间。

在甘肃省的马家窑村有一处文化遗址，曾经出土过一把单刃的马家窑青铜刀，经过专家进行成分分析得知，这把单刃马家窑青铜刀是中国已出土的最古老的青铜器，距今已经有5000年历史了。

换而言之，中国的青铜制造工艺在夏朝建立之前就已经出现。青铜器研究专家称夏代之前的那段历史为青铜器技艺的萌芽期，此后青铜器的发展还经历了育成期、鼎盛期、转变期、衰退期。

商代中期是青铜器的育成期，商代早期的青铜器造型别致，讲究对称性，三足的青铜器必然会与耳把呈垂直的一线；商代中期的青铜器胎壁薄、平底器物多，制作的水平与技艺都还比较低。

商代晚期至西周的早期是青铜器的鼎盛期，从安阳市殷墟妇好墓遗址出土的青铜器数量众多造型精美，制作工艺十分高超，并且装饰元素众多，光是纹饰就有饕餮纹、夔纹、小鸟纹等。不仅如此，青铜器的种类丰富有礼器、酒器、兵器、乐

司母戊大方鼎

器、厨具、工具等。同一时期的青铜器中，河南省安阳市武官村出土的后母戊大方鼎高度达1.33米，口长1.1米，口宽79厘米，重量有1600多斤，鼎身的盘龙纹、饕餮纹与足鼎的蝉纹错落有致，凸显了雄伟庄严之气。

  青铜器的转变期是在西周的中晚期至春秋早期，此时周王室逐渐衰微，各个诸侯国崛起，此时的青铜器制作手艺出现了衰退的迹象，像一些提供给诸侯使用的青铜器也没有了往日的精致。中山国青铜器之所以能成为这个时期青铜器的佼佼者，也是举一国之力，汇聚了全国的能工巧匠才制造完成。

  两汉时期青铜器的发展正式进入衰退期，特别是西汉末期以后，冶铁业得到了快速发展，小作坊众多，铁制品渐渐代替青铜器皿，青铜器逐渐淡出了人们的视野。

一袭传统

我国青铜器的制作工艺流传已久,发展到春秋战国时期时已经相当成熟,中山国青铜器的制作工艺放眼当时也是数一数二的存在。

中山青铜器与祭祀文化

不过在夏代与商代早期,青铜器的制作工艺还没有完善,工匠们能够制作的青铜器比较少。我们也知道物以稀为贵,因此青铜器都被王室贵族们作为祭祀的一种礼器使用。

在《左传》一书中有这样一句话"国之大事,在祀与戎",我国古代祭祀文化由来已久,从远古时期便存在,当时的社会生产力低下,人们面临着洪水猛兽的威胁,稍不留意就会丧失性命,因此十分畏惧未知的变化,此时举行祭祀活动,祈求神灵的护佑成了他们的心灵寄托。

夏代、商代、周代等奴隶社会时期,统治者用祭祀来区分社会等级与社会地位,也希望通过祭祀来实现江山永固、国家繁荣昌盛,他们对祭祀的时间、类型、规格、流程都被做了严格的规定。

而青铜器作为一种祭祀的礼器,它们的使用也有一定的规制。当时的青铜礼器可以分为6个大类,有炊器、食器、酒器、水器、乐器和杂器;这些青铜礼器仅有贵族阶层才能使用,平民根本不具备使用礼器的资格。

更为严苛的是贵族阶层使用青铜礼器时,也有规格的限制,例如我国古代最重要的青铜礼器——鼎,它因为象征意义不同,在祭祀时多一鼎、少一鼎都不行。

鼎在祭祀活动中,原本是用来烹煮食物、存放肉食的器皿,后来因为一个神秘的传说而演变成了权力与地位的象征。相传,夏禹曾经收集九牧之金铸造了9个金鼎放于荆山下,以象征九州皆在管辖,此后鼎成为国之重器,诸侯王在登基之后都会制作九鼎。

在《春秋公羊传》中明确记载道:"天子九鼎,诸侯七鼎,大夫五,元士用三也。"此外,青铜礼器的使用一般都是配套的,如礼器鼎与礼器簋的搭配使用,六鼎配五簋、七鼎配六簋,而天子的规格最高,九鼎配八簋。

❀ 中山青铜器与丧葬文化

在我国古代,青铜器不仅被当作一种礼器使用,它们还被用来作为随葬品使用,像中山王墓出土的19000件文物中,青铜器占了很大一部分。

奴隶社会、封建社会的统治者与贵族阶层在活着的时候,享尽了荣华富贵、锦衣玉食的生活,在他们死后当然希望这样的生活还能继续,因此不仅青铜器被用来作为随葬品,服饰、玉器、陶具等物品也会被用来作为随葬品,甚至在许多朝代中,一直流行着采用活人来殉葬的残忍、野蛮制度。

战国中山国错金银铜神兽

相信很多现代人在了解完古代的丧葬文化后，其心情用一句话就可以概括，那便是："我虽然不理解这样的行为，但是倍感震惊。"

其实，在古代社会生产力低下、文化落后的情况下，古人对于世界的认识是有偏差的，贵族们相信人死后仍有灵魂存在，自己还会活在另一个世界里，在当时并不是个奇怪的念头，而是表达了一种愿望。

正如，我们经常能在汉代的陵墓中发现玉蝉，它作为一种随葬品，会被放入死者的口中，寓指精神不死，再生复活。在当时的人看来，蝉是一种神奇的生物，因为它会"死而复生"，其实这是古人对蝉的繁衍规律的不了解造成的，他们只看到了夏天蝉从地里涌出，而没看到蝉在冬季时已经产卵于地下。

❀ 中山国青铜器与华夏文明

随着中山国青铜器的出土，我们认识到在遥远的几千年前，从中亚、西亚甚至遥远的欧洲，有一大批游牧民族部落迁徙到了我国的西北部，这些游牧民族部落就是中原人常说的"戎狄"；而从外迁徙而来的游牧民族中有一个叫鲜虞的部落，融入了白狄族，并建立了中山国。

中山国都城遗址西部王陵区航拍

中山国是一个名不见经传的国家，在历史古籍中的记载并不多，在没有文物出土之前它像是从来没有出现过一样。但是，中山国作为一个外来游牧民族建立的小国，经历了3次灭国、2次复国，可见当时的鲜虞白狄族人心智多么坚定、多么骁勇善战。

他们能在诸侯争霸、群雄崛起的春秋战国时期里夹缝生存了200多年，曾经一度辉煌到以"千乘之国"的身份，与当时的"万乘之国"韩国、赵国、燕国并立称王。农业、手工业的发达自不必说，从同一时代陵墓中出土的铁器、青铜器，都能够证明其制作工艺的高超。

中山国青铜器的出土像是一部跨时代的电影胶片，人们通过它们了解了淹没于历史长河中的中山国，见识了它的荣耀与衰败，这极大丰富了华夏文化。

在河北省灵寿县，当地的老百姓在每年的正月十六都要举行篝火祭祀活动，他们会从山上采来新鲜的柏树枝条进行焚烧，以纪

中山国战车

念故去的中山王姬厝，希望死去的祖先保佑他们平安顺遂。一千多年来，这个习俗一直延续着。

河南的光山县马畈镇每年清明节都要举行"易"姓子孙的祭祀大会，那里有一座易姓宗祠，据说中山国最后一位君王尚，曾被发配到易水做相邦，之后尚的后人以"易"为姓，生息繁衍，直至今日易姓子孙都会来到此地祭拜先人。

1968年5月23日，在河北省保定市满城县发现了一座中山古墓——河北满城汉墓，经专家核实这座墓的主人是西汉中山靖王刘胜及妻子窦绾。这座陵墓出土了4000多件文物，其中金缕玉衣、长信宫灯、错金铜博山炉等最为罕见珍贵。

1981年，我国的考古学家将中山国青铜器带到日本的东京博物馆展览，半年的时间里引起一阵不小的轰动。作为华夏灿烂文明的代表之一，中山国青铜器赢得了世界的赞叹。

长信宫灯

河北满城汉墓

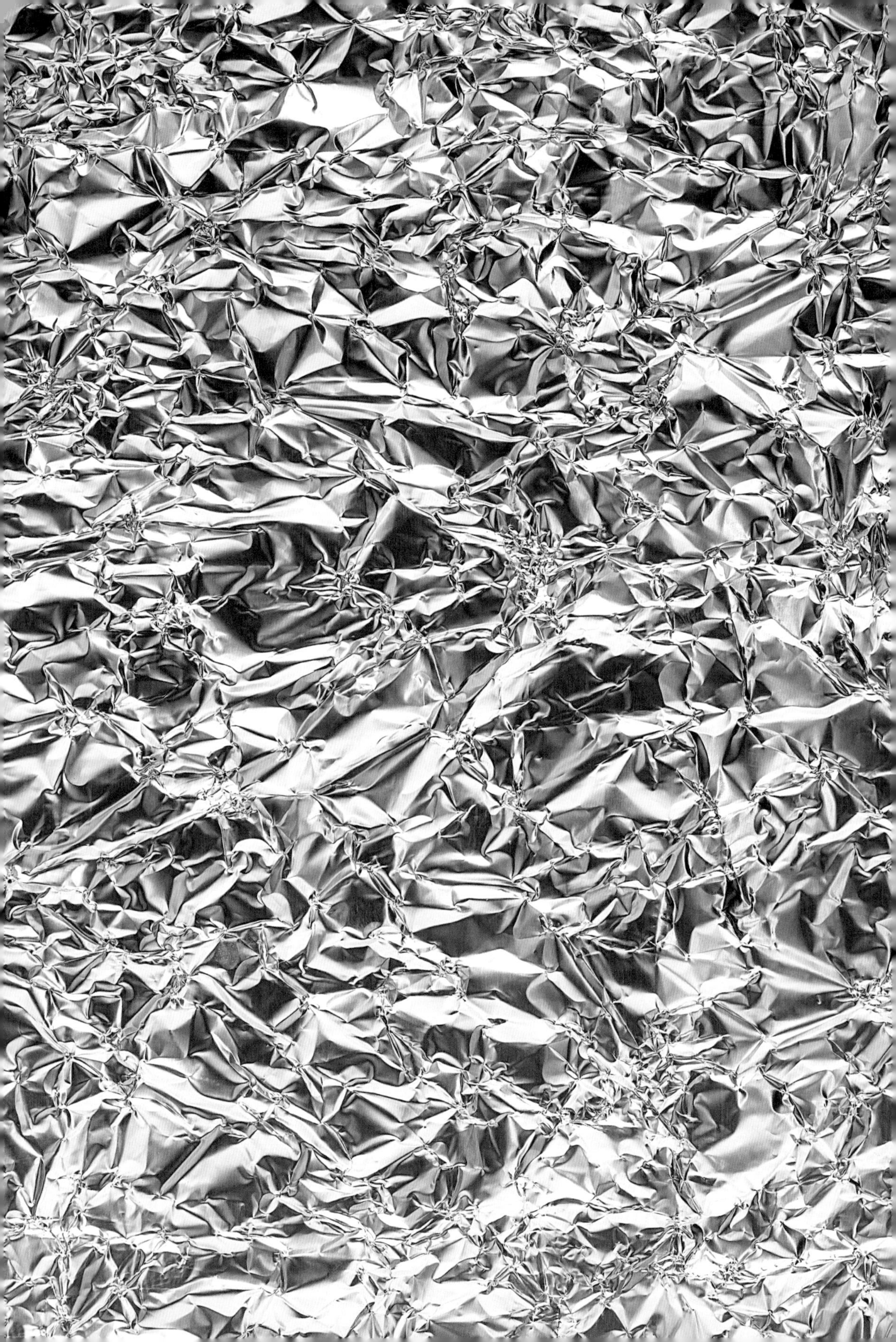

铝箔手工画

Lübo Shougonghua

一件作品

铝箔手工画一般构图精巧、色彩绚丽。外表惊艳的铝箔手工画,离不开独特的光影处理。光线充足的角度下,花瓣、绿叶与褐色枝干明显更加亮眼,而背光的花瓣、绿叶、枝干的颜色则较为深沉,形成了明暗对比,这样的处理使画作整体的色彩层次更加丰富,呈现的立体感极强。

特点

铝箔手工画所使用的材料为铝箔,创作方式独特,需要纯手工制形与拼接,立体感极强,并且创作主题、内容与风格十分多样。

铝箔手工

独特的制作材料——铝箔

区别于传统绘画类型，铝箔手工画是一种全新的绘画种类，它是一种金属立体画，最为独特的一点是它使用的是铝箔这种金属材料。

铝箔是一种用金属铝压延成薄片的烫印材料，它的外表看起来与纯银箔很相似，因此又被人们称为假银箔，按照硬度它可以分为硬铝箔、半硬铝箔、软质铝箔。硬铝箔、半硬铝箔经常用于成形加工，它们的可塑性很强；而软质铝箔常用于包装、电工材料等领域。

铝箔的防潮、耐腐蚀、耐高温、延展性强等优点，使得铝箔也成为一种十分优秀的手工画材料。铝箔手工画在创始之初，用的是铝箔片作画，后来民间有很多艺术家使用的是食品包装的易拉罐进行创作，这样不仅达到了废物利用的效果，也体现出了艺术家们的环保意识。

铝箔

铝箔手工造型

◉ 纯手工制形与拼接，立体感极强

铝箔手工画作为一种工艺美术上的新画种，不仅使用的材料与传统绘画的材料不一样，而且在创作的方式上也有所区别。

铝箔手工画不同于中国画等绘画种类，直接用笔在纸张上勾勒图案；也不同于剪纸画那样讲究一气呵成，剪成一定的图案。它采用的创作方式是纯手工制形与拼接。创作者需要动手将铝箔裁剪、切割、调整，已达到一定的形状，之后才将有形的铝箔片拼接、上色、粘贴在画纸上。

手工艺人要将薄薄一片的铝箔打造成立体感极强的形状，这个过程并不容易。根据专家的研究，使用机械冲压的方式创作铝箔画，对于细节的处理不到位，并不能完美地呈现图案的立体感。因此，唯有通过纯手工的操作才能精准制形。

主题与内容广泛、可塑性强

虽然创作铝箔手工画的过程比较复杂,但是它的创作主题与内容十分广泛,值得人们花心思去深入挖掘。

有立体感的铝箔

铝箔手工画的材料是一种延展性很高的金属铝,除了延展性强之外,同时它也具备一定的硬度,因此可塑性极强。经过一些独特的技法,可以将铝箔片进行塑形,打造成各种各样的形状。无论是山水树木、花鸟鱼虫、亭台楼阁、人像物像等主题与内容,都是可以通过将铝箔片进行塑形还原出来。

蜜蜂与花

艺术家们可以用铝箔手工画来写实,也可以对它进行夸张、变形、使其抽象化,它的风格多种多样。目前,中国铝箔手工画集中表现了中国古典绘画的

亭台楼阁

意趣，铝箔常用来制作如牡丹花、梅花、竹叶、荷花、骏马、金鱼、雄鸡等状物，经过一番构思与拼接，塑造了一种典雅、古朴的风格。

然而，这并不意味着铝箔的创作仅限于此类风格。

绘画风格多变，色彩绚丽

铝箔手工画充满了浪漫主义绘画风格，它注重画面的色彩感、运动感，构图多变。凭借独特的着色工艺，铝箔作为画材也可以表现出丰富、绚丽的色彩感，并且在操作者的裁剪、变形下，铝箔都能表现出万马奔腾的动感，相信在表现运动感上并不难实现。

万马奔腾

哪怕像几何抽象画这样的风格,操作者将铝箔裁剪出一定的线条,形状,并在表面上涂上鲜艳的颜色,也能呈现出一种独特的美感。

◎ 极具审美性

铝箔手工画作为一种工艺精湛的美术作品,有着极高的审美性。一枝独秀的牡丹花、翩翩起舞的少女、栩栩如生的小蟋蟀、姿态万千的雏菊、展翅高飞的雄鹰……铝箔手工画可以表达的思想与内容十分丰富,欣赏它的人可以获得一些感性或理性的认识,这有利于人们情感、意志的培养。

人们在审美享受和审美愉悦中,滋润了自己的心灵,释放了内心的情绪,还形成了自我的审美观念,达到陶冶性情与人格提升的效果。

雏菊

🏵 用途

艺术源于生活,一幅画的创作体现了创作者对于现实生活的认识,表达了他的思想感情,蕴含了某种情绪,当然铝箔手工画也不例外,这是作品本身的创作内涵所在。

🏵 艺术收藏品

铝箔手工画从工艺上看,有简单工艺的铝箔画,也有复杂工艺的铝箔画。并不是所有的铝箔画都会被市场认可,并且具有收藏的价值。

不过,观赏性与艺术性极佳的铝箔画可以售价在几百元到十几万元以上,这样的售价屡见不鲜。这些极具收藏价值的铝箔画在创作之时,需要耗费创作者大量的情感、时间与精力,并使用独特的技法制作，因此价格不菲。

  当然，艺术作品的收藏，是一个十分私人性的行为，有一些画作可能没有那么精美，但是在某些收藏家看来就非常有价值。触动收藏家心弦的可能只是一个小小的点，也许是色彩，或是构图，或是光影等因素，这与收藏家个人的经历、心境、审美有关。

  铝箔手工画作为中国首创的一种新的工艺美术绘画形式，极具代表性。

  当铝箔手工画融入了中国传统文化的元素，它就不再是普通的画作了，而更像是一种特殊材质的中国人文风俗画。如此具有中国元素的画作，对弘扬中国传统文化有着深刻含义。

  虽然铝箔手工画诞生的时间稍短，目前还有很大的发展空间，但是相信在不久的将来，一定会有中国本土的艺术家带着中国风的铝箔手工画走向世界的舞台。

弘扬中国传统文化的佳品

一位有缘人

铝箔手工画如此独特，不但具有无穷的发展潜力，而且还是中国本土艺术家首创的一种新的工艺美术绘画形式，那究竟是谁发明了它呢？

若是论首创铝箔画的第一人，当属王庆常先生。另外，黑龙江工业学院的尚建伟老师自己研究出了铝箔手工画的绘画技巧，独立创作了许多画作，也是制作铝箔手工画的大师。

不过俩人创作的铝箔手工画呈现的效果不一样，主要体现在着色方面，王庆常先生的画作色彩丰富、鲜艳明亮，而尚建伟老师的作品散发着铝箔自身银白色金属光泽。

❀ 首创铝箔画第一人——王庆常

王庆常出生在山东淄博市，青少年时期曾经在淄博文化美术馆艺术班学习，他精通国画与油画，不仅喜欢国画的留白与细腻，也喜欢西方油画浓郁、明亮的色彩。

淄博风光

1968年，王庆常响应了"知识青年上山下乡"的号召，在乡下学习生活了一段时间，在这段时间里他不仅领略祖国的大好风光，还感受着当地乡村的风土人情，那时他经常扛着画板到处写生。

结束上山下乡的生活后，王庆常进到一个工厂里做执行厂长，繁忙的工作之余他仍然坚持着画画的爱好，画完素描画水彩，日子过得十分充实。

王庆常在工作当中，经常接触铝箔等金属制品。有一次，他买了一辆新自行车，在那时买自行车可是一件令人高兴和自豪的事。

他寻思着得给自行车装饰一番，于是在自行车尾部贴上了金属装饰片，在用铝箔做工艺流程拼接时灵光一闪：要是这五颜六色的金属片能创作手工画多好呀！

这个念头非常好，但是实践起来相当困难。自从王庆常有了做铝箔画的想法后，他便精心钻研着这门手艺，几乎是达到废寝忘食的程度，跟着了迷一样。

明代的理学家胡居仁曾写过一副对联勉励自身："若有恒，何必三更眠五更起；最无益，莫过一日曝十日寒。"大意是说人要有恒心，要学会坚持。

知青点

若论起恒心与坚持，王庆常当为榜样，他潜心研究铝箔制画的工艺，整整15年才获得了成功。1992年，王庆常带着自己的作品参加了中日联合作品展，两年之后便获得了中国专利技术工艺美术品博览会金奖，正是因为这位老艺术家的坚持，我们才有幸见到如此工艺卓绝的铝箔手工画。

❀ 从保安到艺术家的完美蜕变——尚建伟

我们平时玩电脑纯属上网"冲浪"，但是艺术家尚建伟玩电脑，却玩出了一门手艺。这可并不是子虚乌有！

在20世纪90年代末，尚建伟失业之后，在鸡西老家创业开了一

鸡西的冬天

家网吧。有一次在上网时,在一家网站上看到银色的金属画,下面写了一行小字"铝箔画"。

尚建伟看着精美的铝箔画,感觉十分惊奇,于是拨通了铝箔画下方的联系电话,铝箔画的创作者告诉尚建伟,铝箔就是易拉罐的包装,其他的就不愿多说了。

这让尚建伟更加好奇了,原来易拉罐还有这个妙用?这铝箔画要是发展起来该多好。那位不肯说出制作秘技的画家,成功激起了尚建伟的好胜心,他决定自己琢磨铝箔绘画的奥秘。

尚建伟的祖父就是老家有名的银匠,家里曾经打制过纯银箔。在尚建伟看来这与铝箔应该没有太大的差别,于是信心满满找来几个易拉罐便开始试了起来。

鸡西穆棱河公园风光

实践出真知，尚建伟深刻地领悟到了这个道理，因为没多久他就意识到了制作铝箔画有多困难，光是让铝箔变得立体这件事，他就琢磨了两年。

经过两年的时间，尚建伟才找到了制作铝箔画最好的工具：圆珠笔与铁笔，在此之前他用了雕刻的刀、笔，完全没法使铝箔片立体化。之后，他又遇到了新的难题，铝箔片太立体了，怎样在拼接上做好融合呢？

在尚建伟不断发现问题并解决问题的过程中，时间一点一点流逝，转眼6年过去了，他不但自己摸索出了一套铝箔画的绘画技艺，还完成了自己的第一幅铝箔画作品《荷花与蜻蜓》。

2016年，尚建伟应聘黑龙江工业学院的保安一职，经过4年的保安工作，他的艺术才能被学院领导发现了。学院领导还特地开设了一门选修课程，并邀请尚建伟到课堂上教学生们如何运用易拉罐创作铝箔画，如今他的学生群体已经发展到了一百多人，尚建伟也为铝箔画的发展做出了自己的一份贡献。

银箔画银杏叶

一门手艺

铝箔手工画作为一种工艺美术新画种,它将绘画、雕塑、拼接等技艺融为一体,展现出了独特的美。制作铝箔手工画常用的工具有专业的手工笔,或是日常生活中的圆珠笔、铁笔、剪刀、尺子等。

首创铝箔手工画的王庆常先生曾强调,铝箔手工画的美在于它突出的立体感与丰富的颜色变化。

工艺美术品

❁ 选材十分重要

如何塑造铝箔手工画的立体感，关键在于选材，它使用的并不是普通的铝箔片，而是精心挑选的不薄不厚的铝箔片，只有如此才能保证在拉伸环节时，铝箔片上的纹路明显，并且被拉伸的铝箔片表面不会显得粗糙。

❁ 独特的着色工艺

有别于其他铝箔手工画，王庆常钻研的铝箔手工画配色上极为讲究，从铝箔手工画的成功研发到将近40年的创新与提升，它的着色工艺至今无人能仿造。因此，我们能够在王庆常创作的铝箔手工画中，看到粉色的牡丹、金黄色的桂花、粗褐色的树干、红彤彤的枣子、碧绿的荷叶……

民间艺术家们用易拉罐制作的铝箔手工画，通常没有复杂的配色，而是保持了易拉罐内壁本身的银白色金属光泽。

❁ 铝箔手工画的流程

相信很多读者会感到好奇，如果我们使用易拉罐自己动手做一幅铝箔手工画，该怎么做呢？

❁ 第一步：设计

铝箔手工画采用的创作方法是无胎成形法，技艺高超的铝箔画艺术家，在创作之前已经心有

采用易拉罐制作美术工艺作品

设计图稿，他们只需要将画作图案的比例、大小掌控好，便可以裁剪、塑性与拼接。

不过，这样的情况并不常见。大多数铝箔画手艺人都需要进行细致的构思，并在图纸或是其他创作背景上绘出完整的图案，以确保画作的各个组成部分大小合适，位置相宜。

❀ 第二步：裁剪易拉罐

操作者完成设计图稿之后，需要使用剪刀裁剪易拉罐，尽可能地将易拉罐的边缘线裁剪平整，有时候需要裁剪多个易拉罐，根据图案的需要进行合理地剪裁。

❀ 第三步：绘图

剪裁之后，操作者需要将裁剪好的易拉罐捋平整，使它不要卷边或是翘起，接着比照设计图稿中图案的大小，在裁剪好的易拉罐片上绘出轮廓一致的形状。

❀ 第四步：裁剪所绘图案

绘图这一步完成后，操作者便可以按照易拉罐内壁上的线条轮廓进行裁剪，这个过程需要极大的耐心，稍有不慎便会裁剪到别的地方，图案的比例关系就会被破坏，极大影响整体的美感。

❀ 第五步：塑性

操作者将所绘图案裁剪完成后，可以使用圆珠笔、铁笔等工具，对裁剪出来的图案进行塑形，使它呈现出立体感。

塑形是最考验创作者技能的一步，哪怕仅仅一片树叶，它的叶脉粗细都需要一定的技巧与力度才能塑造，经验的积累与细心、耐心缺一不可。

❀ 第六步：拼接

创作铝箔手工画的最后一步是拼接图案，操作者只需把已经塑形的铝箔片，按照已经设计好的图稿，用胶水一点一点粘贴起来即可，那样一幅精美的画作便完成了。

一方水土

国家历史文化名城——淄博。

山东省的淄博市被誉为国家历史文化名城,在几千年的时光中,它孕育了灿烂的中华文明,有齐文化、后李文化、北辛文化、大汶口文化、龙山文化等。

远古时期,淄博便留下太昊伏羲氏的足迹,是五帝之一颛顼高阳氏的居住地,从商朝开始历经多个朝代的发展,这里的政治、经济、文化非常发达。

齐长城遗址

齐国的都城

周武王建立周王朝后,将淄博一带作为封赏赐予姜子牙。姜子牙在封地建立齐国,并将淄博作为齐国都城,淄博成为齐国的政治中心。经过几代齐王的治理,到了齐桓公统治时期,淄博已经是赫赫有名的临海大城市。后来,田氏取代姜氏,正式称侯,沿用了齐国之名,淄博依旧是齐国的都城。

淄博平原景色

农业、工商业发达

农业

淄博的北部分布着冲积平原与黄泛平原两大平原，土地平坦而肥沃，利于农耕，而沂河、汶河、牛角河等多条河流，提供了极好的灌溉水源。

姜子牙建立齐国之后，非常重视农业、工商业的发展，他曾说过："大农、大工、大商谓之三宝。"因此，在姜太公统治时期，政府不但鼓励农民开垦荒地种植

农作物，并且还实行轻徭薄赋的政策。齐国发展至齐桓公时期，已经成为春秋五霸之首并问鼎中原，足以见得当时齐国在物资上的相对实力了。

北魏时期，淄博的农业发展更上一个台阶，著名的农学家贾思勰便是淄博人，他的著作《齐民要术》记载了各种谷物、蔬菜、树木的种植、养护方法，是一本农业的百科全书。

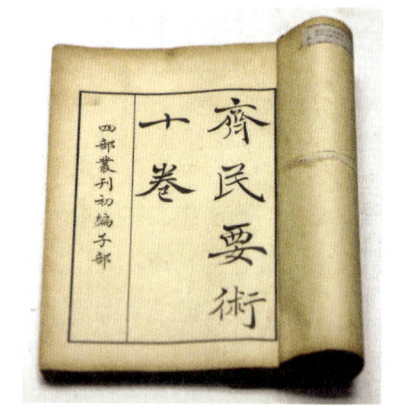

《齐民要术》

工商业

淄博的工商业也十分发达。姜太公建齐国之后，便组织工人用海水制盐，盐在当时可是稀缺物品，销售市场庞大供不应求。之后，齐国利用淄博靠海的地理位置，培养了大量织工制造丝绸。

根据史料记载，春秋战国时期，全国各地的商旅像流水一样纷涌至齐国，齐国的丝绸等物品，不但远销各国，还通过海路销售到了朝鲜、日本。秦国时期，徐福两次出海为秦始皇寻仙问药，没有找到神仙，却为海外带去了许多能工巧匠、粮食果蔬。

古代制盐

淄博手工业的发展，催生了许多传统工艺。流传至今的民间传统手工艺便有汉代时期兴起的琉璃烧制技艺、魏晋南北朝时期诞生的陶瓷烧制技艺，还有清朝年间兴起的鼻烟壶的内画技艺等，这些技艺都是独一无二的存在。

经济发展促进当地文化艺术繁荣

人们生活的温饱问题得到解决之后，他们的精神追求便显得更加重要，此时文化与艺术便兴盛起来了。

淄博当地涌现出了许多文化名人，比如通晓天文地理、有安邦治国能力的姜子牙，有被誉为"圣人之师"的著名哲学家、政治学家管仲，有才华出众的大文学家左思，有杰出的志怪小说家蒲松龄等。

古人将足球运动称为"蹴鞠"，淄博正是足球的起源地，早在齐国时期蹴鞠便是当时人们热衷的体育活动。除了足球以外，淄博还有许多民间艺术形式，比如宛转悠扬的鹧鸪戏、诙谐辛辣的聊斋俚曲、极具地方特色的方言五音戏等。

简言之，淄博历史悠久，有着深厚的政治、经济、文化底蕴，它是文化艺术的温床，不断地滋养着流传千年的传统民间手艺，也催生出了新的文化艺术形式，铝箔手工画便是其中一种。

内画鼻烟壶

管仲画像

古人蹴鞠图

一段历史

铝箔手工画的创作材料为铝箔与常见的饮料包装易拉罐。这两种材料的产生和发展也为铝箔手工画在我国的发展带来了助力。

饮料包装易拉罐

❀ 我国铝箔的发展史

20世纪30年代,一家来自瑞士的铝公司在繁华的上海建立起了第一家生产铝箔的工厂,名叫华铝钢精厂,这家工厂主要从事铝板、铝带、铝箔的精加工业务。

繁华的上海

20世纪50年代到70年代,中国大力发展计划经济,华铝钢精厂实现国有经营之后,正式更名为上海铝材一厂,主要生产食品包装材料,如糖果与烟草等。之后,以上海铝材一厂为模板,在华北、西南、东南等地区建立起了一批规模较小的铝制工厂。虽然这批小工厂能够生产铝箔,但是由于技术与设备的局限,铝箔的产量并不高。

1980年,冶金部为了提高铝箔的产量与品质,从德国进口了先进的设备,建立起了一条高效的生产线,这时工厂已经能够生产出厚度不到0.01毫米的素铝箔,并且经过精加工可以制成精美的裱花铝箔、压花铝箔、印花铝箔。

20世纪80年代以来,中国随着改革开放,逐渐加强了对外交流和技术引进,铝箔工业开始得到了较快的发展。在90年代,铝箔的年产量达到了10万吨左右,即便如此,依旧需要从国外进口2万~3万吨的铝箔才能满足国内生产的需要。

21世纪初,中国成为铝箔的生产大国,铝箔的产量达到年产400多万吨,除了提供国内使用以外,还大量出口国外。根据相关资料显示,中国2019年出口的铝箔占年产量的32%左右。

铝箔作为铝箔手工画的创作材料,能如此大量地产出,自然为铝箔画的制作降低了不少成本,一定程度上也就促进了铝箔手工画更广泛的发展。

易拉罐的发明

1959年,美国俄亥俄州帝顿市DRT公司的一位天才——艾马尔·克林安·弗雷兹,发明了易拉罐。他将罐盖本身的材料加工成了一个铆钉,外套上一个拉环再铆紧,搭配相适应的刻痕制成了一个完整的罐盖。

此后,美国成为易拉罐的发源地,并且成为易拉罐的第一消费大国。

美国俄亥俄州

❀ 中国易拉罐的发展

20世纪80年代初期,中国的易拉罐业才开始发展。不过在当时,易拉罐不仅被当作高消费产品,而且由于易拉罐发源于美国,因此在国内的市场受限;加之国家对进口的原料提高了关税,国内的易拉罐生产企业的发展并不乐观。

直至20世纪90年代,中国的易拉罐行业才得到了巨大的发展,许多新的工厂相继建立,出现了供大于求的局面。近几年来,随着有色金属原材料价格的上涨,易拉罐制造企业迫切需要提高材料的利用率,降低生产成本,许多工厂面临着技术改革与创新的巨大挑战。

目前,中国一年能够生产约100亿个易拉罐,易拉罐的出现不但便利了人们的生活,而且使得铝箔手工画这门技艺得到了长足的发展。

曾经，手艺人使用的铝箔片比较厚重，不利于图案的塑造，这就导致了创作出来的铝箔手工画过于呆板，没有独特的立体感之美。并且，即便是厚重的铝箔片，它们大多用于产品精加工，爱好铝箔手工画的普通民众也很难在市场上购买得到，这样的情况一定程度上阻碍了铝箔手工画的发展。

　　易拉罐出现以后，手艺人们不再为寻找铝箔手工画的创作材料而烦恼。易拉罐是由轻薄的铝箔片制作，它的塑形效果非常好，也不难购买与收集，人们可以用它创作铝箔手工画，而用易拉罐制作的铝箔手工画也越来越多地融入了大众生活。

听装啤酒生产车间

一袭传统

铝箔手工画作为一门金属手工艺，它的设计和构思都离不开创作者的独特巧思。所谓一方水土养一方人，不同的创作者在自己的作品中融入了家乡的人文地理、乡土人情，使得自己的作品独具文化内涵。

这其中沈阳市民韩学军创作的《新沈阳清明上河图》易拉罐浮雕画可以说是一个典型的代表。这幅作品在2013年6月亮相于中国（沈阳）第六届民间艺术品博览会。这幅长9.7米、宽1.22米的画作雕出了许多沈阳市民熟悉的地标：浑河、沈阳故宫、彩电塔、棋盘山、方圆大厦……而画上的建筑、树木、山水、人物等都刻画得细致逼真，让人为之惊叹。

整座浮雕富有立体感，用时近5年，使用了780个易拉罐、8000多个小铆钉，被誉为"世界最长易拉罐浮雕画"。小小的易拉罐在韩学军的手下成了拼凑家乡美景的"好画笔"。

在第十三届黑龙江国际文化产业博览会上，非物质文化遗产展览馆的鸡西展区的铝箔手工画格外显眼，展出的铝箔手工画有《五牛图》《九鱼图》《国色天香》等，这些画作非常精美，并且有着丰富的文化内涵。

例如《五牛图》，这幅铝箔手工画的创作灵感来源于唐代的《五牛图》，画中五头耕牛有的低头吃草，有的昂首前行，有的侧首露舌，有的徐徐挪步，有的侧身站立，形象而生动地刻画出了

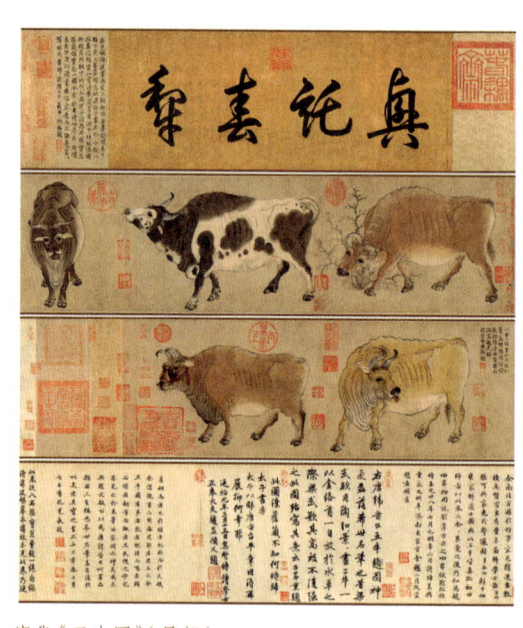

唐代《五牛图》（局部）

五头姿态各异的耕牛。

在我国古代，农耕是主要的社会生产方式，耕牛在古人眼中不仅是温顺、随和的，还是勤劳的象征。唐朝中期出了一位政治家、画家，名叫韩滉，他善于绘画各种动物，其中关于牛、羊、驴的描绘更是出神入化。《五牛图》便是韩滉的传世佳作，现收藏于北京故宫博物院，画中耕牛栩栩如生，体现了创作者高超的画技。

而《九鱼图》，它的创作灵感源于《诗经》，画中出现了九条活灵活现的锦鲤，它们游动在硕大的荷叶与娇小的荷花旁边，画面十分和谐美好。

我国的第一部诗歌总集《诗经》，记载有一篇为《小雅·天保》的诗，大臣运用了九个奇妙的比喻，歌颂与祝福了君王。诗中出现了九个"如"，分别是如山、如阜、如冈、如陵、如川之方至、如月之恒、如日之升、如南山之寿、如松柏之茂。中国有许多画家都曾以"九如"为创作题材，像清代的沈铨，近现代的齐白石、陈旧村、王一容等，他们创作的《九如图》艺术风格各有不同。因为"九如"与"九鱼"发音极为相像，所以《九如图》也被称为《九鱼图》。

众多前来参观博览会的市民朋友们，看到如此精美的铝箔手工画后，都忍不住驻足欣赏。鸡西展区的铝箔画工作人员们趁热打铁，热情地向他们讲解着画作背后的文化寓意以及独特的创作技法，他们还动手演示了铝箔画的裁剪与塑性过程，使得人们对这门手艺有了更多的认识，很多市民朋友忍不住竖起了大拇指，为铝箔手工画点赞。可以说，在这场全民共享的文化狂欢盛会上，铝箔画以其自身独特的魅力吸引了众多观众，极大地推动了文化在民间的传播。

《诗经》篇章

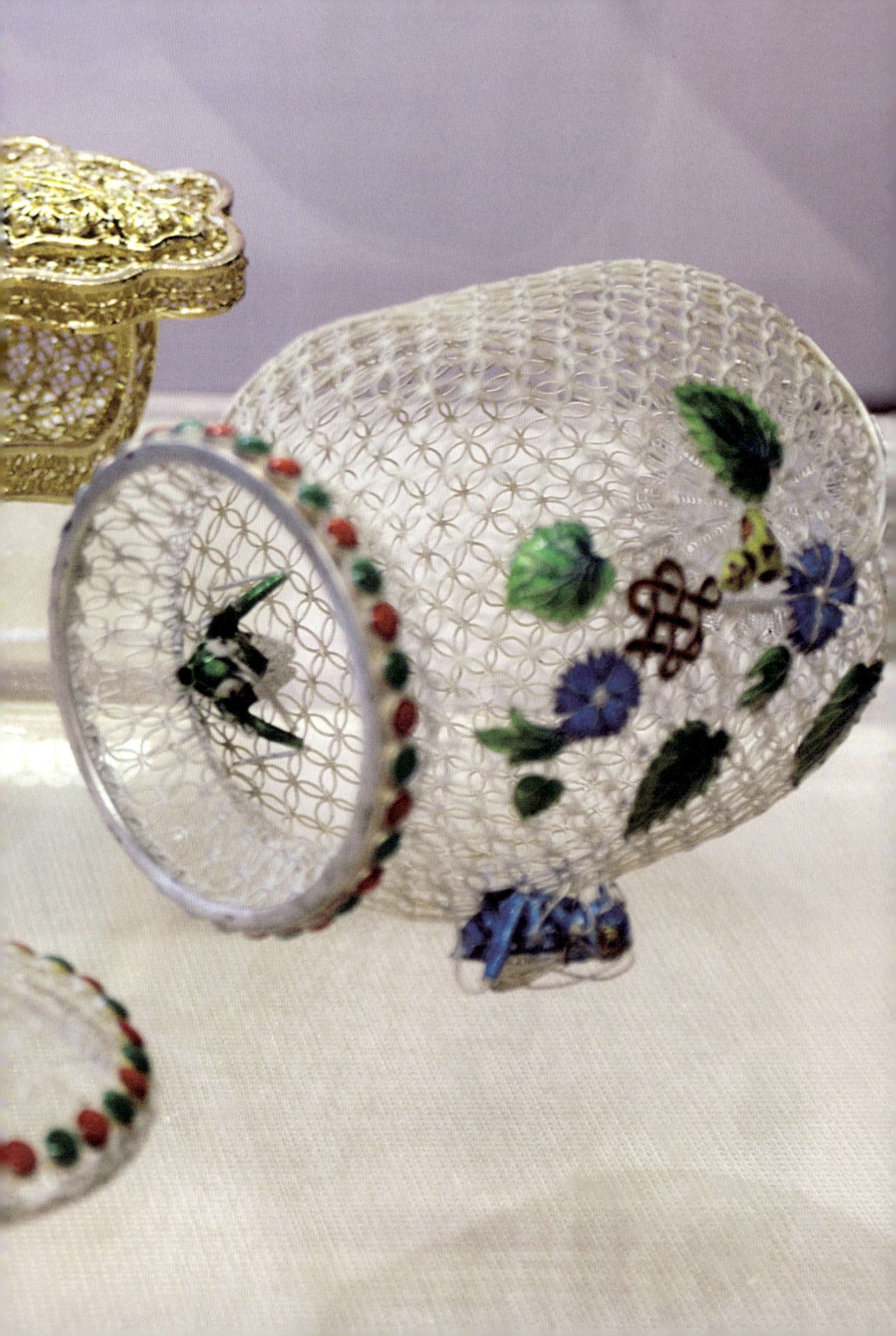

成都银花丝

Chengdu Yinhuasi

一件作品

　　成都银花丝手艺流行于成都民间传统手工艺，历史源远流长，最早可追溯到殷商时代。银花丝工艺是中国传统手工艺"花丝工艺"的一个品类，是以白银为材料，把白银抽成细软的丝，运用独特的银花丝工艺技法，按照设计要求，做成各种样式的装饰用品或实用品，如各种银花丝摆件、首饰等。其制作技法巧妙，形式多样，具有浓厚的东方色彩。四川成都是中国银花丝工艺品的传统产区之一。那里的银花丝工艺以无胎成型、银花丝平填等工艺技法为主要特点，形成南派银花丝工艺雅致、秀丽的审美特征，也是成都"非遗"项目的"五朵金花"之一。

都江堰银花丝工艺品

银花丝作为一项独特的金属工艺,具有汉族传统金银工艺品的审美特性,而成都银花丝更是与蜀绣、竹编、漆器一起被称为成都的"四大名旦"。它究竟有什么独特之处呢?

银花丝镶嵌银花盘

特点

银花丝的制作工艺精湛,运用了难度极高的花丝平填技艺与无胎成形之法,其创作题材十分丰富,造型呈现多样的变化,唯有典雅高贵的风格始终不改。

工艺精湛

成都银花丝工艺的最大特点是采用了花丝"平填"技艺与无胎成形之法。

在平填花丝之前，操作者需要运用丰富的想象，进行作品的艺术构思，并设计出基本的图稿。然后，选取粗细合适的纯银丝线，制作出图形的边框，边框完成后，手艺人需要采用不同的技法对边框内的图纹进行编织与填充，这个过程称为"平填"。

花丝是平填技艺的材料，平填花丝的种类繁多，样式各有不同，已知的花丝有不下20种，还有一些独特的花丝技法尚待发掘。银花丝平填技艺的运用体现了手艺人的审美情趣与感悟，技艺高超的手艺人填出的花丝平整有条理，层次清晰分明，不同的花丝参差有致，极为精美。

无胎成形法指的是手艺人依照设计好的图纸，使用不同的素银丝制成精准的图形边框，之后运用平填技艺将图案填入边框中，再用工具将这些图案组合、焊接起来，形成一件完整的银花丝作品。

无论是多么复杂的立体作品或不规则的作品，手艺人皆采用无胎成形的方法，极大考验其空间思维能力、计算能力。这个过程相当于将一个立体的图形，分解成大小、形状各异的小板块，最终像拼图一样，将全部的板块组合、焊接在一起，达到严丝合缝的效果。

创作题材丰富

银花丝工艺品的创作题材丰富，很多银花丝作品采用的是花卉题材，如雍容华贵的牡丹、浪漫浓丽的玫瑰、寓意深远的菊花等。也有一些银花丝作品采用了动物题材，如骄傲多姿的孔雀、腾飞崛起的仙鹤、威风凛凛的神龙、活灵活现的金鱼、肆意奔腾的骏马等，就连成都有名的国宝大熊猫也被当作了创作题材。

除了花卉、动物以外，一些人文建筑、风景名胜也被当作创作题材，如闻名全国的杜甫草堂、蜿蜒曲折的都江堰等，有些银花丝作品还融入了知名的人物，像吕布、刘备、张飞等历史人物也被当作创作的题材。

梅花银花丝宫灯

总而言之，银花丝的创作题材十分丰富，这也造就了银花丝图案的多种多样。

造型多变、典雅高贵

银花丝工艺品的按照类型进行划分，可以分为银花丝银盘、银花丝花瓶、银花丝熏炉、银花丝船、银花丝灯座、银花丝妆盒、银花丝项链、手镯、耳环等，可以说种类繁多。

并且，每一个类型的银花丝工艺品，它们在造型上都各不相同，哪怕只是银花丝银盘一类，至少有不下10种造型，不单是创作的题材与图案不一样，就连银盘锁边的花丝都各不相同。

尽管银花丝工艺品的造型多变、形态万千，但是唯一不变的是它典雅高贵的风格。

大部分银花丝工艺品在制作时，使用的是素银丝，只有少数部分使用的是金丝，它们有的散发着白色的光泽，有的闪耀着金色的光泽。它们没有更多颜色的

银花丝镶嵌提篮

叠加，但是在精致的外表之下，于视觉上便给人一种纯净、大方之感。

这些精美的银花丝工艺品，静静地摆放在桌上，就像遗世独立的仙子一样，自带着一种低调而高贵的感觉，让人不忍亵渎。

用途

观赏、装饰

成都银花丝工艺品的分类多种多样，比如银花丝瓶、银花丝盘、银花丝熏、银花丝盒、银丝画等装饰摆件，还有女子戴的头钗、耳环、银镯、脚镯、项链等饰品。

银镀金花丝镶嵌双龙瓶

如果你实在摸不准要购买何种装饰物，不妨试一试工艺精湛的银花丝工艺品，无论是放在卧室、客厅、公司办公室……它都具有一定的观赏性。

从银花丝工艺品的样式来看，它们都十分适合日常的使用，具有较高的实用性，特别是项链、耳环、手镯等银器，男女老少都可以购买佩戴。现在喜好穿旗袍、汉服的年轻人比比皆是，穿戴头钗也可以为其增色不少。

收藏

一件匠心独运的银花丝工艺品，它的制作过程不但烦琐，还需要耗费手艺人大把的时间、精力与感情。有一些银花丝艺术品使用的原材料本就昂贵，其成本更是难以估计。

这样的作品它本身就是传统手艺的活招牌，由于工艺繁杂的局限性，无法进行量化生产，只能通过手艺人的精心制作，因此具备独一无二的收藏价值。

旗袍是一种深受人们喜爱的服饰

一位有缘人

21世纪初，成都银花丝制作工艺成功入围国家级非物质文化遗产项目，这门传统的民间手艺发展至今已有1700多年的历史。

由于制作工艺复杂，银花丝制作工艺发展到现代出现了传承困难的问题，好在还有许多匠人正坚守着这门技艺。

倪成玉

倪成玉是国家级的工艺美术大师，曾担任全国金银首饰行业协会评审委员，成都金银制品厂技术科科长，精通银花丝制作工艺，设计过680多种银花丝手工艺品。不过，她对银花丝技艺产生兴趣，只是源于一次偶然。

年幼时倪成玉跟随父亲到公园玩耍，恰巧碰到工艺品展览活动，一个精致的银花丝银盘深深地吸引着她的视线，当她了解到银花丝的沿袭历史后，便决定用心守护与传承这门手艺。

1961年，倪成玉完成了立体造型专业课的学习，顺利从成都工艺美术学校毕业，并被分配到了成都金银制品厂工作。

几十年的时间一晃而过，倪成玉对厂里的每一个岗位与部门工作都谙熟于心，这也使得她的手艺更加精进。

个人作品

倪成玉的代表作《莲花斗熏》一经出品，就夺取了第一个中国工艺美术百花奖；紧接着作品《双狮舞绣球》又获得了"中国工艺美术旅游纪念品一等奖",它现在被收藏于中国工艺美术馆珍宝馆。

如果要论殊荣最甚的作品,当属《丹凤朝阳·孔雀开屏》大座盘,它使用了中国国画的白描手法,用像头发丝一样的银花丝创造了栩栩如生的银孔雀,旁边的众鸟神采奕奕。这样一幅作品不仅受到国务院的专项资金奖励,而且还被作为摆件收藏在北京人民大会堂四川厅。

银花丝的传承

倪成玉从基层员工升为了技术科长,她担任技术科长期间,不单埋头于科研与设计,还兼顾着银花丝工艺品海外贸易板块。

无数承载着中国文化的精美银花丝工艺品作为一张张文化名片,通过她的统筹销往中亚、中东、欧洲等地。

倪老师对于银花丝的热爱已经融入了骨血之中,随着年纪渐长,她怕这门手艺后继无人,为此还出资开设了银花丝授艺工作室,招收了许多学徒。她精心钻研课程,不但使得银花丝手艺变得有趣生动,还大大提高了学徒们的学习效率,为这门手艺的传承做出了巨大的贡献。

道安

道安是成都银花丝制作技艺的国家级代表性传承人,是四川省著名的工艺美术大师,也是全国范围内唯一一个精通银花丝全部制作流程的手艺人,从事银花丝设计与创作长达50余年。

年少时,道安便对书法、美术

银花丝茶壶

十分感兴趣，中学时期已经发展成了品学兼优的尖子生。起初，道安只是被银花丝的美丽所惊艳，并不了解银花丝的制作工艺。

因此，18岁进入成都金银制品厂时，道安还十分懵懂，面对着铁锤、镊子、锉刀等繁杂的工具，她第一次感受到了双手污渍、旧伤没好又添新伤的痛苦。

每当这个时候，道安的耳边总会响起老师曾经说过的话："如果干这一行，就必须吃这个苦。"这话确实宽慰了道安，也让她养成了不怕吃苦、不怕累的精神。

银花丝制作工艺繁杂，光是将银丝拉得比头发丝还要细就是一道很困难的工序，更不用说焊接、洗色、抛光等其他几十道工序了，其中涉及数学、物理、化学等多个学科领域的知识，道安花了整整10年的时间才全部掌握。

银花丝镶嵌茶具

❀ 个人作品与银花丝的传承

道安创作出了很多优秀的作品,如《一帆风顺》《千年古堰》《三英战吕布》等作品,这些作品在各大展览展出,获得了许多荣誉,大力宣传银花丝制作工艺。

20世纪90年代,道安所在的工厂要进行制度改革,她离开了熟悉的工作地,成立了自己的工作室,潜心研究银花丝手艺的传承与创新。功夫不负有心人,道安在不久后独创了银丝画这一银花丝新的艺术种类,并于2001年获得了国家专利证书。

在道安学艺之初,成都金银制品厂的很多老师傅都不愿意将自己的手艺全部交给年轻人,导致了学艺过程中的时间变得格外漫长。

如今,道安不愿意藏私并将自己的手艺全部教给工作室里的学徒,还时不时鼓励孩子们的学习,这让在工作室里学习的十来个"80后""90后"的年轻人感到很温暖,他们当中一些人已经熟练掌握银花丝的制作工艺,而女儿王晓璐也成为其中之一。

❀ 王晓璐

在母亲的感染与教导下,王晓璐凭借娴熟的技艺被评选为成都市银花丝技艺的非遗传承人。不过,她怎么也想不到,自己竟然会意外走红。

有一次王晓璐在关注奥运赛事时,乒乓球运动员马龙给她留下了深刻的印象。

马龙不仅为国争光赢得了乒乓球比赛,在接受采访时还流露出了大男孩的真诚可爱,给在电视机前观赛的球迷比心。这一个举动让王晓璐感到惊讶,原来国家运动员那么接地气,一点也没有距离感。

为此,王晓璐用直径0.08毫米的银花丝制作了一幅"马龙比心"的银丝画,致敬自己欣赏的国家乒乓球运动员马龙,没想到意外获得了众多网友的点赞收藏。

打小王晓璐就喜爱银花丝这门手艺，读大学期间她选择的专业正是工业美术。从前，银花丝手工艺品做的都是大件的样式，只能放在室内做装饰品观赏。

王晓璐却觉得民间手工艺品应该"接地气"，于是她将银花丝融入了自己设计的耳环、项链、手镯等手工作品中，还将这些作品上架至自己的淘宝网店。为了适应新一代年轻人的审美，她保留了传统银花丝的金银配色，并将点蓝、珐琅、镶嵌等技艺融入银花丝工艺品的制作。

如此一来，原本置于厅堂的银花丝饰品，变成多种多样的首饰进入了寻常老百姓的家里，更多的人开始关注、了解到银花丝手工艺品。

可以说王晓璐开辟了一条独特的传承之路，这条路上不但有母亲道安与众前辈的保驾护航，还有一群心心相印的伙伴相伴而行，相信在不久的未来他们能带着这门千年的技艺走向全国各地，甚至世界各地。

珐琅银胎

一门手艺

　　银花丝的制作流程总共包含了九道工序,但是各种细节多如繁星,并非一朝一夕能够掌握。

　　手艺人在制作银花丝作品时,常用的工具有铁锤、剪刀、镊子、锉刀、量尺、焊枪等多种工具。

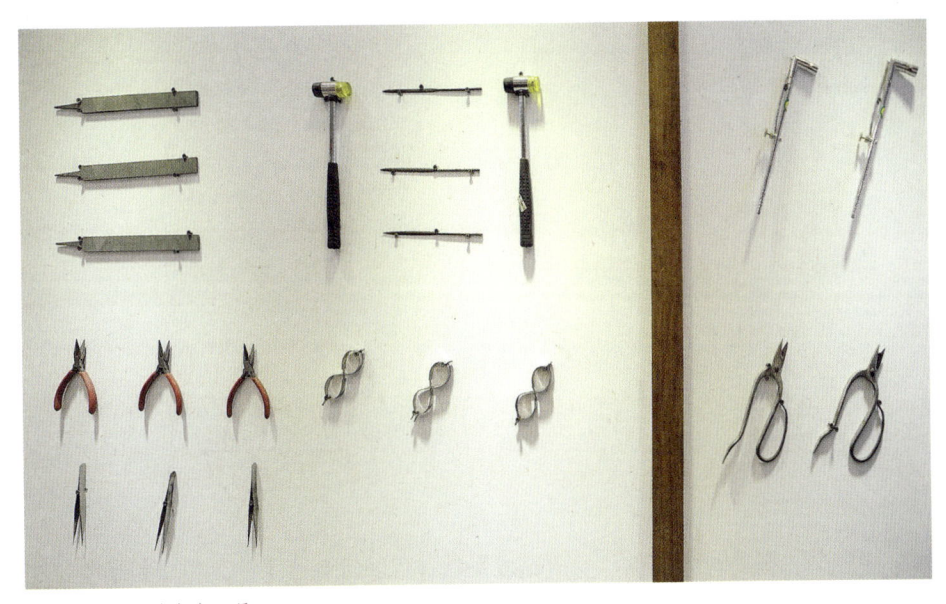

银花丝手艺人的各式工具

❀ 工序一:设计

　　虽然银花丝制作的过程当中,运用了无胎成形的方法,但是并不意味着它不需要设计图稿,设计图稿的存在能降低银花丝制作的难度。

手艺人在制作设计图稿时,需要按照严格的比例关系分解图案的各个部分,考量好银素丝的粗细,并确定出各分解图案的组合位置,那样最后焊接时才能不出错。

炼银

✿ 工序二:拉丝

手工艺人需要将银料熔炼,凝结成条状,再经过专业手法抽拉成粗细各异的白色银丝,有些细银丝甚至需要抽拉至头发丝一样的粗细,稍不留意就会断掉,所以这道工序十分磨炼手艺人的耐心与技艺。

✿ 工序三:搓丝

拉丝完成之后,我们得到的是非常多的单根银素丝,手艺人需要将两根银素丝按照正反两个方向，搓制出银花丝。

搓丝需要借助搓丝板、镊子等工具，将素银揉搓成大小合适的银丝，有些银丝需要搓成头发一样粗细，操作起来难度极大，还需要极大的耐心。

❀ 工序四：掐丝

掐丝是指手艺人纯手工将银花丝掐制成形态各异的纹样、图案的过程，如花朵、飞鸟、蝴蝶、亭台楼阁等，图案的复杂程度决定了掐丝的难度。

有些图案在掐丝过程当中讲究一气呵成，不能断丝、结丝；有些则是需要掐出一定的造型，无论如何操作者力度的把握非常重要。

❀ 工序五：填丝

填丝工艺技术是指将掐丝完成的图案，填在设计轮廓之中，常用的填丝种类有填拱丝、填花瓣、填卷头等。

手艺人填丝的前提是要将单根的银素丝制作出图案边框，接着将花丝填充、编制进图案边框之中。在此道工序中，还需要运用一些独特的技法，如掐、垒、攒、编等，并且手艺人的操作力度要合适，不仅要将图案固定，还要编织平整、紧密，不留缝隙。

❀ 工序六：焊接

填丝完成之后，手艺人需要将银花丝各个部分焊接起来，此时使用的工具就比较特别了，不是胶水而是焊枪，利用焊枪火苗的热度将花丝边缘熔合，使其牢固地拼接在一起。

焊接银

此时，火力的大小显得尤为重要，火力过大毫不留神细如毛发的花丝便被高温熔解了，火力过小又无法将各部分牢牢焊接在一起。

工序七：清洗

焊接完成的银花丝作品表面是含有杂质的，必须要放入稀释的酸性液体中浸泡，或是放入有明矾的锅中用大火煮上一段时间，有时还要借助专业的刷子洗刷，最终将表面的杂质去除干净。

工序八：抛光

抛光是指利用一定的机械设备或是通过化学作用将金属器物表面的粗糙感降低的加工方法。清洗完成的银花丝工艺品，表面还是会黯淡、有一些不平整的瑕疵，通过抛光工序后才能达到一定的光泽感，呈现出光亮的样子。

❁ 工序九：防氧化处理

此外，银花丝工艺品的制作采用的原材料是素银，素银本身的颜色偏黄，制作出来的手工艺品也是淡黄色的，银饰品暴露在空气中的时间久了，还会被氧化变黑。

因此，银花丝工艺品完成制作后，进行白银防变色工艺处理也相当重要，它可以保证银饰品在较长时间内保持亮白如新，不被氧化褪色。银花丝工艺品之所以精美绝伦，是因为制作工艺的繁多，它们各自发挥着特定的作用，使得一根根素银丝绘制成了一件件完整的工艺品。

银茶壶

一方水土

☯ "天府之国"成都

四川省成都市位于四川盆地以西、青藏高原以东,是座历史文化悠久的古城。

公元前5世纪,成都是古蜀国的所在地。在西汉时期,四川一带经济发展迅猛、富甲一方,因此成都也被称为"天府之国",直至今日依旧繁华不减。

成都霞韵

文化历史底蕴丰厚

成都作为一座极具文化历史底蕴的城市,有着很多处风景名胜之地,如大熊猫栖息地、都江堰、武侯祠、望江楼、金沙遗址、杜甫草堂、明蜀王陵等,入选了《世界遗产名录》的就有青城山–都江堰与四川大熊猫栖息地两处。

成都还是一座地方美食丰富的城市。通过一个地方的饮食也能看出一座城市的发达程度,在成都市火锅随处可见,麻婆豆腐、回锅肉、宫保鸡丁、口水鸡等著名菜品,更是让人垂涎三尺。

武侯祠

经济发达,手工艺众多

成都经济发达,其手工业发展程度更是一绝。不仅有闻名世界的蜀绣、蜀锦、瓷胎竹编、糖画、青城丝毯,还有银花丝等传统民间手艺。

蜀绣是一种四川独有的刺绣工艺,与苏绣、湘绣、粤绣一起并称为中国四大名绣，从中国的东晋时期便产生，一直流传至今。蜀绣的针法复杂多变，但锈法灵活，使用这门技艺锈制成的衣裳线条流畅、针脚细密、颜色明亮，深受人们的喜爱。

蜀绣——熊猫

成都糖画

"图案清晰、色彩层次丰富、工艺精美"都是蜀锦的特点，因为质量上乘，具有独特的审美与文化价值，蜀锦成为中国国家地理标志产品。从汉代起蜀锦便畅销全国，至今更是被全国各地的游客当作成都特产带回家乡，作为赠送亲友的上佳之品。

城市新风

"包容""开放""创新"是成都的发展信条，成都人喜欢创新、热爱变化并不是如今才有，早在古时候它便是如此。不然司马相如与卓文君怎么会私奔到成都"当垆卖酒"；不然怎么会破旧立新，印刷出中国最早的纸币"交子"。

如此人杰地灵的成都，银花丝手艺的诞生、发展与创新是水到渠成的过程，一代又一代的匠人在成都这片土地上挥洒着自己的汗水，专研着技艺，才让银花丝技艺在华夏土地上枝繁叶茂。

一段历史

中国的银花丝金属工艺已经流传了1700多年，按照技艺与风格进行划分的画，它被分为南派与北派。

南派银花丝采用的原料大多数情况下都是素银，银匠们在使用"堆丝、填丝、垒丝、炭丝、錾刻"等技法的过程中，逐步形成了独特的"平填花丝"技艺，制造出来的银花丝手工艺品十分典雅含蓄，细节上的处理也细腻精致。成都银花丝工艺属于南派银花丝一脉。

而北派银花丝的制作工艺源于北京市的皇宫大院，使用的手法多为镶嵌宝珠、鎏金、错金等，制造出来的银花丝工艺品风格富丽堂皇，颇具宫廷特色。

清代藏族莲瓣纹鎏金铜盖罐

在四川省三星堆遗址出土的文物当中，除了铜器、玉器、陶器等，金器也有不少，其中出名的当属戴在青铜人像上的金面具，这有力说明了商代的工匠已经掌握了冶炼金银的技术。换言之，银花丝制作技艺的诞生可以追溯到商代。

两汉时期，政府部门更是在成都这个地方，设置了监造金器、银器的机构，培养相关人员对金银器进行质检、管理。不过，在当时这些金银器的使用范围并不广，仅有王公贵族与对国家有着重大贡献的人才配享用。

两宋时期，工匠们的金银花丝制作技术得到了全面的提升，他们所做的工艺品已经十分精美。

四川成都三星堆出土的青铜面具

经过了长期的演变，到了明清时期，金银花丝制作创新运用了平填的手法，搭配上堆丝、填丝、垒丝、炭丝、錾刻等技法，做出了极具成都本土特色的工艺品，如莲花杯、银丝镂空盒、银丝瓜形壶等。

民国时期，国内政治、经济环境不稳定，手工业受到了严重的打击，并随着抗日战争的爆发逐渐走向萧条和没落。

一直到中华人民共和国成立，在政府的支持下，手工业才慢慢复苏。国家实行改革开放后，银花丝工艺制品除了自产自销，还搭乘上了去海外的船只，远销世界各地。

金花丝银器

银花丝曾是炙手可热的外贸商品

20世纪50年代，凝结了众多银花丝巧匠心血的银花丝工艺花篮，被中国手工业管理总局运送至民主德国的莱比锡，参与了当地的工艺品展览会，并且还获奖了。

银花丝工艺花篮的获奖，让众多银花丝工艺摆件成为当时国际外贸中的文创产品。那时，成都市的金银饰品部生产了大量的银花丝工艺品，这些产品曾畅销日本、印度、苏联、英国、丹麦、阿富汗等国家。

不过，当时银花丝在创作题材上倾向于单一的梅、兰、竹、菊等意象。为了能够使得银花丝表现题材更加丰富，银花丝匠人们还融入了雄鹰、金丝孔雀、憨态可掬的金鱼等形象，这些改变让银花丝工艺品更受外国友人的喜爱。

银花丝工艺品凭借着精美的外形、精湛的工艺扩大了国外的销路，让广州负责工艺品出口的公司都忍不住对它们进行独家经销。

20世纪70年代，中国银花丝的制作工艺得到了提升，银花丝工艺品越发精致，成为炙手可热的外贸商品，在所有外贸产品中脱颖而出，在外贸经济不景气的情况下还创下了绝佳的销售纪录。

银花丝灯笼

一袭传统

❀ 银花丝技艺在民间

银花丝技艺在民间，以很多种形式存在，人们能够使用它制作出精美的银花丝立体摆件，还可以制作出极具特色的首饰，更可以成为生动传神的银丝画。

在成都当地，银花丝技艺家喻户晓，当得知银花丝技艺面临着传承困难的问题，很多专业人士与多方机构都参与到了银花丝技艺的传承。

专业人士指的是如倪成玉、道安、王晓璐等技艺精湛的银花丝大师，她们对于银花丝技艺传承的奉献，此处我们就不多加赘述了。

文殊坊

非遗——文殊坊

文殊坊位于成都市中心人民路的中段,它是观光、休闲、旅游的最佳场所,这里有古玩字画、特色的美食,还有古香古色的名胜古迹,吸引着无数的人们前来打卡。

2013年,成都市第一条将多种非遗技艺融合在一起的手工艺主题街,在文殊坊所在的街道正式建成。这条街道入驻了一批心灵手巧的工艺美术大师,他们当中有的人精通蜀绣、蜀锦,有的人精通漆器的制作,有的人精通竹编工艺,其中不乏精通银花丝技艺的大师。

许多精美的银花丝工艺品,在街上的展台列出,提供给更多市民及游客近距离欣赏。

在一片灯火阑珊当中,这些焕发着闪亮光泽的银花丝工艺品,仿佛穿越了千年的时空与我们相见,让人深刻感受到了千年之前银匠们的一片丹心。

"文化遗产——银花丝"特别活动

2015年,四川博物馆联合了四川文博学院展开了保护"文化遗产——银花丝"的特别活动。在四川博物馆内,两位来自文博学院的老师开展了关于银花丝知识的专题讲座,吸引了众多的市民前来听讲。

在知识讲座结束之后,现场的观众还可以观赏来自专业银花丝匠人精心制作的一百多件银花丝工艺品。其中,便有以川剧脸谱为创作题材的银花丝工艺品,它制作得像是从川剧演员脸上摘下的面具一样,不过面具上丰富的色彩不见了,取而代之的是有鼻子有眼的银色面具,承载了川剧独特的文化内涵。

川剧是传统戏曲剧种中的一类,主要流行于我国的西南一带,在四川、贵州尤为常见,川剧脸谱又是川剧表演的重要组成部分,在民间受到很多人的喜爱,成都的大街小巷都有售卖特色的川剧脸谱。

不仅如此,这次展览还出现了以戴着金面具辫发青铜人像为题材的银花丝工艺品,不过它的尺寸较小,就像戴着金面具辫发青铜人像的缩小版。虽然这件银花丝工艺品与戴着金面具辫发青铜人像在大小上有着明显的区别,但是却精确地表现出了青铜人像严肃、庄重的神情,看起来格外生动。

四川境内挖掘出了距今有3100~4800年历史的三星堆古蜀文化遗址,并出土了大量珍贵的文物,其中以青铜器最为神奇与丰富,它们形态各异,铸造工艺精湛,代表着古蜀王国最高的工艺水准,戴着金面具辫发青铜人像便是其中的优秀代表作。

金面铜人像

除了以戴着金面具辫发青铜人像为创作题材的银花丝工艺品外,展览还有以青铜鼎为题材的银花丝工艺品。这些银花丝工艺品造型多样、图案精美,具有非常独特的文化寓意。

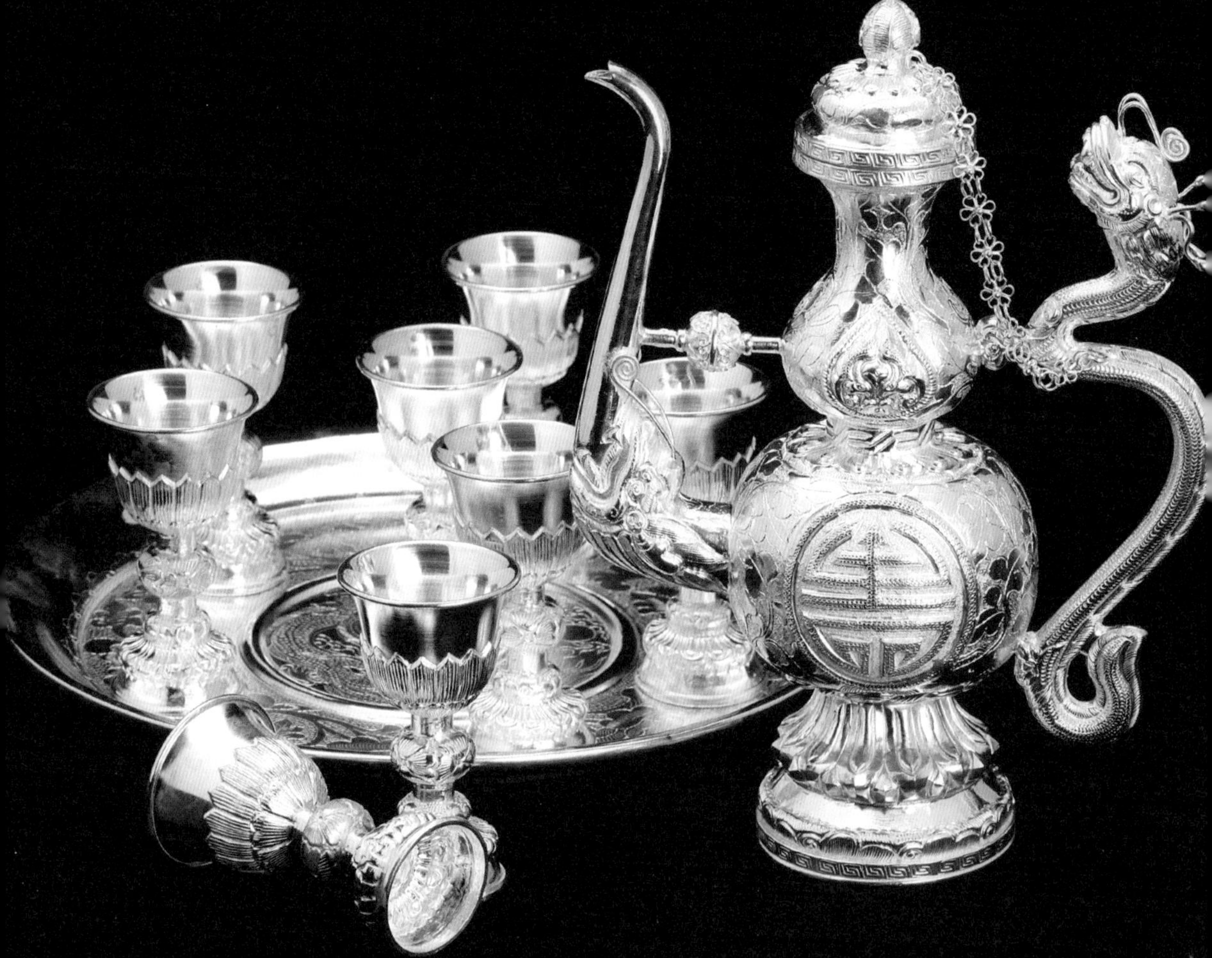

鹤庆银饰
Heqing Yinshi

一件作品

图中这套九龙壶造型俊秀独特,制作工艺更是尽善尽美,是云南鹤庆银饰锻造工艺中的精品。它壶身的高度为18厘米,与之配套的8个酒杯高6.7厘米,整套银器的制作用了纯度极高的银料,因此显得十分璀璨和明亮。

此把九龙壶的银壶身、银壶座、银壶把、银壶盖、银壶嘴上雕刻了栩栩如生的神龙,这九条神龙的龙目、龙须、龙齿、龙身、龙尾等处的雕刻都十分灵动自然。它们腾飞在朵朵祥云之中,一片一片的龙鳞熠熠生辉,龙嘴轻微张开好似在咆哮一般,给人一种威风凛凛之感。

云南鹤庆的九龙壶

作为一套精美的银酒具，除九龙壶之外，它的酒杯大小相宜，杯座上雕刻了如花瓣一样的纹案，杯柄两头、中间部分凸起，柄杆粗中有细，杯口扁圆光滑，不仅实用还十分精致。

银制九龙壶

银器九龙壶作为云南鹤庆银饰锻造工艺中的精品，兼顾了上乘的品质、精湛的工艺、丰富的造型，不仅在1999年获得了国家颁发的外观设计专利证书，还大大提升了鹤庆银器的知名度。

特点

纯银打造，不易变形变色，富有光泽。鹤庆县的银匠们在制作银器时，大多数时候采用的都是纯银的银料。因为纯银打制的银器

鹤庆县云鹤楼

的硬度高，小力度的磕碰不会使它们变形，并且不容易与空气中的氧气发生化学反应，这样就不会轻易导致银器发黑，而是长期能够保持光亮如新，可以延长使用的年限。

富有光泽的九龙壶

这把九龙壶也是运用了质地上乘的纯银料，根据当地的师傅的说法，银器选用的制作材料越接近纯银，就越富有光泽与亮度。

在正常的光照条件下观看九龙壶，它已经十分闪亮，若是在太阳光下、灯光下欣赏，更加能够感受到它的光芒四射。

精湛的技艺，丰富的造型

鹤庆当地的银匠之所以会打制银器，完全是为了满足老百姓们的生产、生活的需要。随着时间的流逝，银匠们的手艺不断精进，鹤庆的银器才演变成了一门系统的工艺。

鹤庆银饰锻制技艺作为一门来自民间的传统手艺，创造出来的银器不但展现工匠自身的技艺水平，还要贴合老百姓们的日常审美特点，具有经典耐看的特征。

九龙壶的整体造型的设计便是银匠巧思与精湛技艺的体现。鹤庆银匠使用了当地老百姓的心中有着特殊意义的龙图腾。云南大理州有许多清澈的深水潭，相传这是神龙潜居的地方，自古以来它便

龙图腾

被人们称为"龙潭之乡",鹤庆的老百姓对于印有龙图案的银器有着独特的喜爱。因此,龙图案不仅运用在九龙壶的制作之上,还成了其他银器的装饰图案。

银匠师傅通过雕刻、纯银抽丝编盘等传统的鹤庆银饰技艺,将古老的"龙"的图腾装饰在了银器之上,打造了九龙壶多变的整体造型。

当我们注意到银匠对于壶嘴的"留白"处理,便能明白为什么如此丰富的造型,给人的感觉竟然是十分耐看与精致。

龙头银壶嘴

更加令人赞叹不已的是使用九龙壶倒酒时，壶中酒刚好能倒满八个酒杯，每一个杯子里的酒水刚刚好，少一滴则不盈，多一滴则溢。一套纯手工打制的银酒器，能做到如此精确的一个容量计算，能够不偏不倚做出八个一模一样的酒杯，简直是一种神迹。

花卉银饰

❀ 装饰技艺高超

鹤庆银器有一千多年的制作历史，经过千年时光的沉淀，银器的装饰技艺在不断提升，它的装饰纹案、装饰物一直在变化中创新。

起初，鹤庆银饰的装饰纹案主要以龙图纹、花卉纹、鱼虫纹、鸟兽纹、水草纹为主，随后又结合了锤点纹、水纹、藏族的回字纹等多种多样的纹饰图案，这些纹饰图案使得鹤庆的银器更加精美了。

鸟纹龙纹银饰

鹤庆银匠的镶嵌技艺提升之后，酒红色的玛瑙、翠绿的松石、璀璨的贝壳、温润的玉石等其他的装饰材料，也成功运用到了银器的制作之上。近几年来，鹤庆当地的银匠师傅

玛瑙银饰

与时俱进，他们接触了更多的民间传统技艺，如景泰蓝掐丝、点蓝工艺。

通过银匠师傅的不懈努力，景泰蓝掐丝、点蓝工艺也被运用在了鹤庆银器的制作之上，涂上釉料的银器摇身一变成了多彩的艺术工艺品，脱去了雪白的外衣。相信在不久的将来，鹤庆银器还会给人们带来更多的惊喜。

用途

九龙壶是一种银酒器，但是它的制作工艺上乘、造型别致秀美，更是一种高奢、定制的精美银酒器。

在日常生活中，使用银酒器的益处很多。据说使用银酒器时，银离子与酒精相互反应下，酒会变得更加醇香，并且银酒器释放的银离子，可以杀死容器里的细菌，达到一个抑菌的作用。

银酒器

有研究表明用银杯子喝水时，可以缓解与改善口腔炎症，因为银离子有消炎、活化细胞等作用，长期使用的话可以提高人体的新陈代谢率、自身免疫力，改善身体健康。

一套九龙壶银酒器的价格并不亲民，它们的价格因银料与工艺的不同而产生相应的变化。

值得注意的是劣质银酒器的使用不仅无法改善人体健康，还会存在一定的安全隐患，因此在选购银酒器时需要多加辨别。

九龙壶不仅在日常生活中可以作为酒器使用，就其自身的艺术价值而言，它还是一个值得保存、收藏的工艺品。

一位有缘人

　　鹤庆县一直被外界称赞为"银都水乡",在它的辖区下有一处叫新华村的白族村落,那里的白族村人世代都以打制银饰为生,制作银饰的技艺至今至少有1000年的历史了。

　　鹤庆县的银饰锻制手艺近乎失传,多亏了一批手艺人的坚守它才能得到延续与发展。

云南鹤庆县草海镇新华村白族民居门楼

联合国手工艺大师——寸发标

　　1962年的夏天，寸发标出生于鹤庆县新华村，他的祖上世代以打制银饰为生，是不折不扣的银匠世家，寸发标是家里的第六代传人。

　　面对这样的荣耀，年幼的寸发标心里感到十分骄傲，但是他并不想小小年纪便过上与先祖一样的生活。因为寸发标喜欢读书并热衷于绘画，他希望自己能够学业有成开辟新的人生道路。

　　然而，不幸的事情发生了，母亲的离世让这个原本就不富裕的家庭举步维艰，家中已经没有足够的钱支持寸发标学习。

　　生活的重担就这样压到了这个16岁男孩的肩头，寸发标开始跟随着父亲学习银饰锻制技艺。当时做银饰的活计难找，他便与父亲背着打制银饰的工具走南闯北，一边找银饰打制的活计，一边学习不同地方银匠的手艺。

　　人杰地灵的贵州、千山之巅的西藏、广阔雄浑的甘肃、黄炎故里的陕西、八桂大地的广西等地，都有寸发标与父亲的足迹。

银匠

这段经历虽然十分艰苦,但是也让寸发标积累了很多银饰制作的经验,这笔宝贵的经验财富在他前往西藏学习手艺时发挥了很大的作用。

后来,二十岁出头的寸发标不再满足于父亲教授给自己的手艺,在接触了藏族人民制作的金银器物之后,他萌生出了到西藏学艺的念头,于是辞别父亲与妻子,背上行囊便前往西藏。

艰难的自学成才之路

西藏没有熟悉的乡音,没有适口的饭菜,没有亲友的陪伴,只有无尽的白昼与高原反应,这让寸发标的心里十分苦闷,心里总有些落寞挥之不去。

寸发标的落寞之感很快便消失了,因为西藏的人文建筑、唐卡壁画、佛尊法

西藏自然风景

器等精美的工艺美术品都让他深深地着迷，他暗暗下定决心一定要好好学艺。

当时，寸发标开了个人银饰加工的小店，但是没有什么人光临。他在与藏族人们生活的日子里，了解到当地的藏族同胞虔诚地信仰着藏传佛教。为了能够制作出精美实用的银佛像，一件作品他要反反复复修改上百次。

这一次，寸发标发现了原来藏族地区白昼长也成了一个很好的优点，那样他可支配的时间更多了，在没有人教授制作银佛像的秘法时，他也可以花上较长的时间去钻研。

寸发标的手艺越来越好，他不仅能够打造出传神的银佛像，还打制了许多符合藏族人民审美的银器。他从默默无闻的外来银匠，

山崖上的唐卡

成了藏族地区知名的银器制作大师,他精心打制的布达拉宫纪念品还被当成礼品赠送给了到访西藏的外国代表团。

游子回乡创业、收徒

20世纪90年代,常年漂泊在外的寸发标回到了自己的家乡鹤庆。他建立了手工艺品加工厂,但因为工厂规模小、产品没有知名度等问题,很多客人并不认可也不购买工厂制作的产品,导致他的生意惨淡。

为了使自己工厂的手工艺品能够畅销,寸发标还做了融合鹤庆当地美景的银器,不过也鲜有人购买。

经过一年多的思考,寸发标发现不光是鹤庆当地的老百姓对龙这种神兽有着特别的喜爱,各民族同胞也对龙有着特殊的认同感。于是,他参考着故宫博物院里展出的九龙天体仪,花了两个多月的时间制作了精美的九龙壶,还创作了一系列关于九龙的银器物,有巨型的九龙火锅、秀美的九龙烟筒。这一连串的努力让工厂迅速获得了很多订单,还提高了新华村银饰制造的名气。

这些小小的成就还不能使寸发标感到满足,为了使鹤庆银饰锻制手艺能够延续与发展,他用心培养了386名徒弟,这几百名徒弟们又接收了上千名学徒。

现在在各大高校都可以看到寸发标潇洒的身姿,他站在讲台上侃侃而谈,吸引了几千名学生加入学校组织的民间传统手工艺时间基地,已经是桃李满天下了。

目前,寸发标的小工厂已经发展成了相当规范的集团公司,公司的手工艺产品更是畅销国内外,员工数量在一万五千人左右,给社会提供了数以万计的工作岗位。

对此,云南政府部门给予了寸

九龙银火锅

发标"云南省民族民间高级美术师"的美称,他是获此殊荣的13位大师中最年轻的一位。

不但如此,寸发标的付出还获得了联合国教科文组织的认可,正式拥有了"民间工艺美术大师"的称号,与此同时他还是鹤庆银饰锻制技艺的国家级非遗传承人,可以说这位大师斩获的奖项无数。

中国民族工艺美术大师——母炳林

1970年12月3日,一声清脆的啼哭声降临在了鹤庆县的一个小家庭当中,这个啼哭的婴儿便是后来闻名中外的工艺美术大师母炳林。

从小母炳林就经常跟着爸妈来到新华村的姑丈家做客,每次见到姑丈专心致志地打制着银器,他都会饶有兴趣地观看很久。

后来,双亲早逝的母炳林便来到了姑丈家生活,14岁那年开始跟随着姑丈到旁边的村子、寨子寻找打制银器的差事,磨一磨自己的手艺。

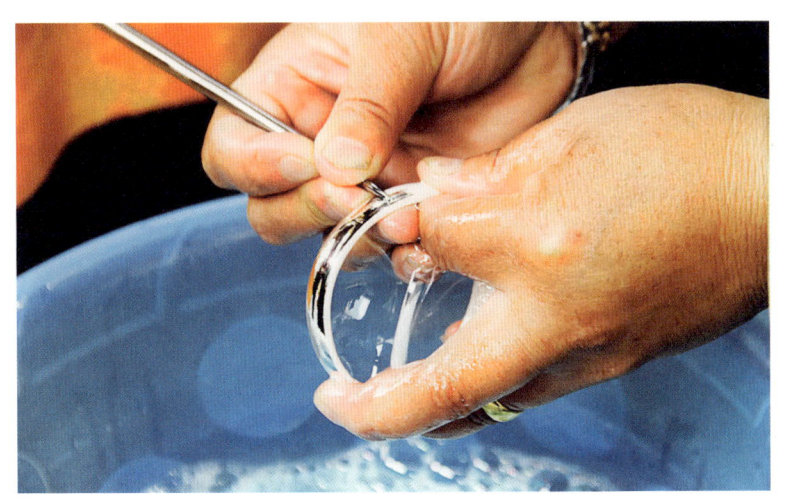

银饰打磨

这是新华村银匠流传了近百年的传统，一位稚嫩的银匠需要在不断打磨银饰的过程中磨炼自己的手艺，并且去到不同的地方，见识不同的银匠师傅制作银饰的技艺，取长补短进而摸索出符合个人的银饰制作的技艺与风格，民间称这样的学习方式为"走夷方"。

洱海风景

群峰起伏的青海风光

无论是苍山洱海的云南、青山绿水的贵州，还是群峰起伏的青海、万水之源的西藏等地，母炳林与姑丈都曾经踏足过。

一路的见闻让母炳林见识到了自己与其他银匠的差距，他决心精进自己的手艺，再寻找一位老师学艺。于是，在姑丈的支持下，回到村里的母炳林找到了段师傅又学了几年技艺。

名师出高徒

"学无止境"在母炳林身上得到了完美的印证，在跟随段师傅学艺了几年后，母炳林再次外出学艺，这次他选择留在了四川西南部的一个边陲小县——稻城县，这个县里居住的大多数人是藏族的同胞，并且当地的手工艺十分发达。

母炳林打听到了城里有一位藏族老人打制金器的技艺是最高超的，便打算向老人拜师学艺。起初，母炳林以合作为由找到了老人家，这藏族老人看着年纪轻轻便出来闯荡的母炳林有点手艺且不怕吃苦，于是便同意一起经商。

稻城县傍河三孔石拱桥

为了能够让这位藏族老者收自己为徒，母炳林经常带着好酒好菜上门拜访老人，逢年过节也会亲切问候老人。

母炳林时不时会带着问题向老人讨教，一开始老人并不想教母炳林太多技巧，后来逐渐被母炳林的诚意所感动，老人便多传授了一些技艺。

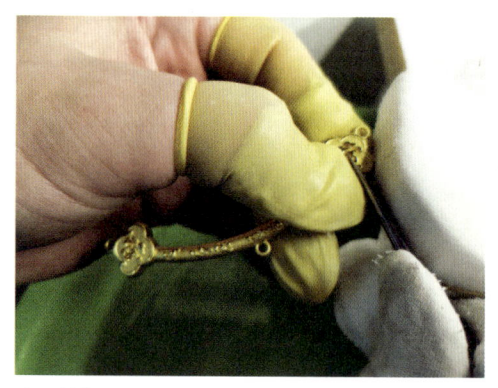

金器制作

每一个手艺人都有自己独到的经验，这些核心的技艺可以让手艺人在世上有立足之本，因此很多手艺人哪怕收徒也不会倾囊相授自己的技艺。

这位藏族老者也不例外，他原本想要把家族的核心技艺传授给女婿，结果女婿不愿意学，甚至在女儿因意外去世后，便与老人鲜有来往。

有一次，老人生重病住院，母炳林在医院里细心照顾着老人不离不弃，直到老人痊愈。人心都是肉长的，藏族老人在与母炳林相处的几年时光里，渐渐被母炳林的真诚所感动，不仅将一身本事传授给了母炳林，还把他认作了干儿子。

日子一天天过去，母炳林的技艺也更加娴熟。1999年，从新华村传来的一个消息，让远在异乡的母炳林生出了回乡的念头。

阔别十一年后重振家乡

原来，在当地政府的支持下，母炳林的老家鹤庆县被开发成了著名旅游风景区，一身手艺的母炳林决定回到家乡，为家乡的发展出一份力。

母炳林是一位技艺高超的工艺大师，他从电视剧《三国演义》中获得灵感，独创了用银饰锻打技艺打制古代兵器的一个新的工艺创作形式，创作的作品被拿到国外进行展示宣传。他潜心钻研"木纹金"锻造技艺，不仅攻克了锻打材料不相融合的难题，还在传统工艺上添加了铜丝、银丝工序，促成了一种新工艺的诞生。

"云南省民族民间艺术大师""中国民族工艺美术大师""云南省工艺美术行业

鹤庆县黄龙潭风景

协会常务副会长"这些荣誉称号,只是母炳林获得的荣誉中的一小部分,用一张A4纸都没法完全罗列这位大师获得的奖项与称号。

同时,母炳林更是一位无私奉献的老师,他招收了两百多名学徒,不遗余力地将自己的手艺教授给他们,为鹤庆银饰技艺的传承培养了一批精英人才。

母炳林创办了自己的个人品牌,他白手起家建立了走夷方文化传播有限公司,并在各大高校开设了传统技艺的实习基地、培训班,每一年企业里都会招收实习的学员,甚至花费两亿多元在云南当地建立了非物质文化传承基地。

目前,从事传统银饰手工艺创作近40年的母炳林,仍然还在为了这门技艺的传承默默地发光发热。

一门手艺

鹤庆银饰锻制技艺究竟是怎样的一门技艺？银匠们又是如何通过这门手艺打造出精致的艺术品呢？

其实，不同的银器所需要的制作工序并不同，有的银器制作工序比较少，有的银器制作工序比较多，一把银壶的制作需要几十道工序、上百种工具、几十万次锤打才能制成。

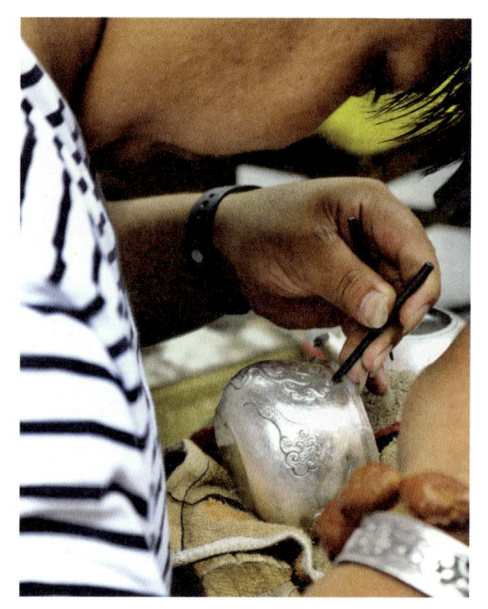

匠人在打制银器

❀ 选料

银匠想要做出一把质量又好、外表又精致的银壶，首先要做的第一步便是选料，选择纯度比较高、没有过多杂质的银料非常关键，大多数工匠会采用纯银的银料进行银壶的制作。

在选择好银料之后，银匠需要将银料通过高温熔炼，再将熔炼好的银溶液倒入固定的容器当中，静静等待银溶液凝固，此时银匠需要控制好其中的时间间隔。

高温熔银

✤ 敲片

在银溶液凝固之后,银匠需要将凝固的银条敲打成均匀的片状,这一步叫"敲片"。此时银条的温度十分重要,放置太久的银条不好敲打,并且敲片这个过程比较漫长,有时要耗费大半天时间才能做好。

敲片

制形

银匠在完成敲片环节后，便会进入下一道工序——制形，也就是用小锤将银片敲打成自己设计好的形状，如圆形、方形或其他形状。

根据鹤庆县当地的银匠师傅的说法，很多地方的银匠制作银方壶时，不能像鹤庆银匠一样通过敲打一块银片制成银壶的四个面，这个可以说是对鹤庆银匠师傅的一种特殊的褒奖了。

制形

❁ 修正后制壶嘴、把手、壶盖

制形完成之后,要对已经成型的银壶身敲敲打打,进行修正,使得壶身更加有型、统一。接下来的步骤就是制作倒出茶水的壶嘴、提水壶的把手,以及开启灌水的壶盖。

打磨

银匠进行到这一步,已经可以看得到银壶整体的一个形状了,但是并不意味着工作的结束,如果确定形状没有修改的必要后,银匠会直接进入下一道工序——打磨,让银壶更光滑、衬手。若是为了银壶的美观,银匠会使用钢錾和小锤在壶身锤敲出一定的纹理,之后还会考虑是否要在银壶的表面绘制图案、雕刻文字或嵌入金丝、银丝等材料,最后再进行打磨。

有些顾客喜欢复古的银壶,有些顾客会喜欢熠熠生辉的银壶,在制作银壶的最后一道工序中,银匠会根据需要对银壶进行一个仿古或是抛光的处理,这样一个充满匠人手温的银壶便制作完成了。

仿古的银制茶壶与茶杯

一方水土

　　云南的大街小巷都有银器制作与售卖的店铺，在鹤庆县新华村更是家家户户的村民都会纯手工银器的打造，新华村也被称为银匠村，在新华村的街上随便走一走都能看到售卖银器的商铺。

　　当时民间流传着这样一句话："中国的传统银器看云南，云南的传统银器看新华。"说明了新华村除了盛产各式各样的银器，它这里生产的银器在质量、外观上都是一流的水平。

新华村卖首饰的商铺

"有色金属王国"——云南

古人常说:"巧妇难为无米之炊。"在没有食材的情况下,一个厨艺高超的妇人也难以做出一餐丰盛的菜肴。其实,对于制作银器的银匠师傅们来说,没有丰富的银料资源,那么他们也是难以制作出精美的银器呢!

好在云南自古盛产多种金属矿,在复杂的地质条件作用下,云南的矿产资源储量在全国范围内都居于前列,已经探测出的矿石种类有一百四十多种,已经明确储量的矿石有八十多种,分布范围几乎遍布云南各地。

若是将全国各个省份的矿石储存量做一个排名的话,云南有六十多种矿石的储量居于前十名,并且铅矿石、锡矿石、磷矿石、铜矿石、银矿石可以排前三名,这些丰富的矿产资源极大影响了云南当地手工业的发展。

新华村的特色

云南的矿产资源为鹤庆县的手工业发展奠定了一个良好的基础,但除去这一自然环境因素以外,鹤庆县银器的繁荣发展还有另外两个历史因素。

金属冶炼技艺的发展

春秋战国至唐朝时期,金属冶炼技艺给鹤庆银饰锻造技艺发展奠定了良好的基础。

早在中国的春秋战国时期,金银铜等金属冶炼技艺已经相当成熟,在云南剑川县出土的文物当中,就出现了精美的青铜器,而在祥云县出土的文物当中,青铜器的器身早已运用了熟练的雕刻技

镀银器具

艺，雕刻了许多栩栩如生的动物图案。

经过相关考古学家的考证，汉朝时期在云南的洱海地区已经出现了镶嵌、镀银的技艺。

唐朝时期，南诏国是唐王朝的一个附属小国，在唐朝政府的管辖之内。后来，以茶马交易为主的"茶马古道"商业贸易之路给南诏国人们带来了经济的发展，逐渐强大的南诏国不止一次起兵叛唐，这说明了当时的南诏国无论是农业、手工业，还是军事等方面都是十分强大。

川藏茶马古道——历史的经商之路

明朝时期的川藏茶马古道作为一条历史的经商之路，给鹤庆当地的经济带来了大发展。

鹤庆县是大理白族自治州的边境小县，在川藏茶马古道形成之

川藏茶马古道

后，鹤庆处于这条商贸道路上的中间地段，天南地北的商人齐聚在鹤庆，又向四川、西藏而去，给这个边境小县城带来了经济上的发展，刺激了当地手工业的繁荣发展。

相传，鹤庆县草海镇新华村的银匠技艺之所以如此精湛，是因为在南诏国灭亡之后，随之建立的大理国经济、政治等方面都获得了更大的发展，而在大理国灭国之后，很多宫廷的匠人流落到新华村，热情好学的新华村人承袭了这一批匠人的技艺。

一段历史

中国银饰锻造技艺最早出现在春秋战国时期。在多处战国陵墓的考古挖掘中，相当多的银制品，尤其是以动物为图案的银饰更是频繁出现。

在西汉齐王刘襄的埋骨之地，更是出土了各种银器，如鎏金的银盘、银盒子等。

根据鹤庆县的县志记载，在明朝的后期，鹤庆县汇集了很多制作银器、铜器的手工匠人，这得益于川藏茶马古道的开通。

早在南北朝时期，便有中原的商人运输茶叶至西藏地区售卖的情况，甚至有些商人将茶叶卖到了土耳其境内，不过当时的商道还是小道，没有发展成一定的规模。

唐代沿用的商道、官道都是青藏道，商人们通过青海到达西藏经商，将中原的茶叶、丝织品等售卖给藏族人民，又从当地购买马匹、民族服饰、藏族手工艺品到中原地区售卖。甚至唐朝的文成公主、金城公主出嫁时，随行的人也是通过青藏道进入西藏地区。

宋代政府还专门设立的茶马司机构监管当地的贸易活动，除了朝廷之外，商人不能再通过销售茶叶换取西藏牧民们精养的马匹。不过，宋代后期西藏地区的政治环境不稳定，战乱频发，青藏道也逐渐丧失了互通往来的作用。

明朝时期，四川通往西藏的"川藏道"顺利通行，朝廷明文规定西藏使团来朝贡时，需要从川藏道过来，明朝每年都会向西藏运输茶叶大概一百万斤，川藏道渐渐取代青藏道成为官商合道。

茶叶

　　从明朝起，鹤庆的银饰锻制技艺一直保持着稳健的发展，直到民国后期，手工业发展停滞不前，对这门技艺的发展造成了一定的影响。

　　一直到20世纪七八十年代，改革开放后经济得到了发展，鹤庆的银饰锻制技艺才恢复了以往的生气，大量精美的银器通过海关销往世界各地。

一袭传统

❁ 新华银匠"走夷方"

新华村生活的白族人民心灵手巧，能够制作出漂亮的白族服饰，能够搭建美丽牢固的房子，有着许多擅长雕刻技艺的巧匠，还有擅长绘画艺术的画家，他们有着属于自己民族的语言与文化。

川藏茶马古道形成之后，原本就勤劳肯干的手工银匠们不再满足于走村串寨，而是去往了更多地方。

他们一边寻找更多的银器打制的活计，磨炼自己的技艺，一边向来自天南的工匠们学习金银锻制之法，这样的行为在当时被称为"走夷方"。

有许多新华村的工匠来到了西藏的拉萨，在这里他们的手艺得到

白族服饰

了充分的锻炼与发挥，制作出了精美的藏民族手工银器，受到了当地藏族同胞的一致好评，在拉萨的银匠们基本上都成立了自己的手工店铺。

可以说，银器锻制技艺在云南等地流传了几千年，它是当地的匠人们一个安身立命的本事，这项本事不仅能够让人们在国泰民安的日子里过上幸福美满的生活，就是在大灾、大荒的艰难时期，这项本事也能保障人们的基本生活，一定程度上提高了当地老百姓生存下来的可能性。

银饰店铺

因此，在鹤庆县的银匠家里，他们的独门技艺都是一代一代传承下来的，历经了千年的风霜至今还在发展，相信这门手艺不会消失。

中外文化交流大使

随着我国的精神文化建设进程的加快，更多的非物质文化遗产被妥善地保护起来，国家十分关注这些民间传统技艺的延续与发展，为此不仅给予了政策与资金的支持，还大力帮助宣传等。

我们可以看得出来，鹤庆银饰的名气越来越大，很多人为了它的发展贡献着自己的一份力量。

许许多多精美的鹤庆银器走出了国门，到了中亚、西亚、欧洲等地，它们有些是去参展，有些则稳稳当当地在异国他乡安定了下来。但无论是以哪种方式去往了国外，这些精美绝伦的纯手工银器成了中华民族心灵手巧的代表作品，成了中国历史悠久的精神象征。现在它不仅仅成为云南面向全国的一张文化名片，还承担起了中外文化交流的使者。

  换言之，鹤庆银器锻制技艺在一定程度上保证了云南白族人民的生生不息，白族人民的特色服饰需要银饰去搭配，他们生活的方方面面都会用到银器，现在的新华村的家家户户又传出了"叮叮当当"的银器打制声。如果将中国灿烂的民族文化比作一段美丽的丝锦，那么鹤庆银器锻制技艺便是丝锦上万紫千红的花朵。

新华村白族传统建筑

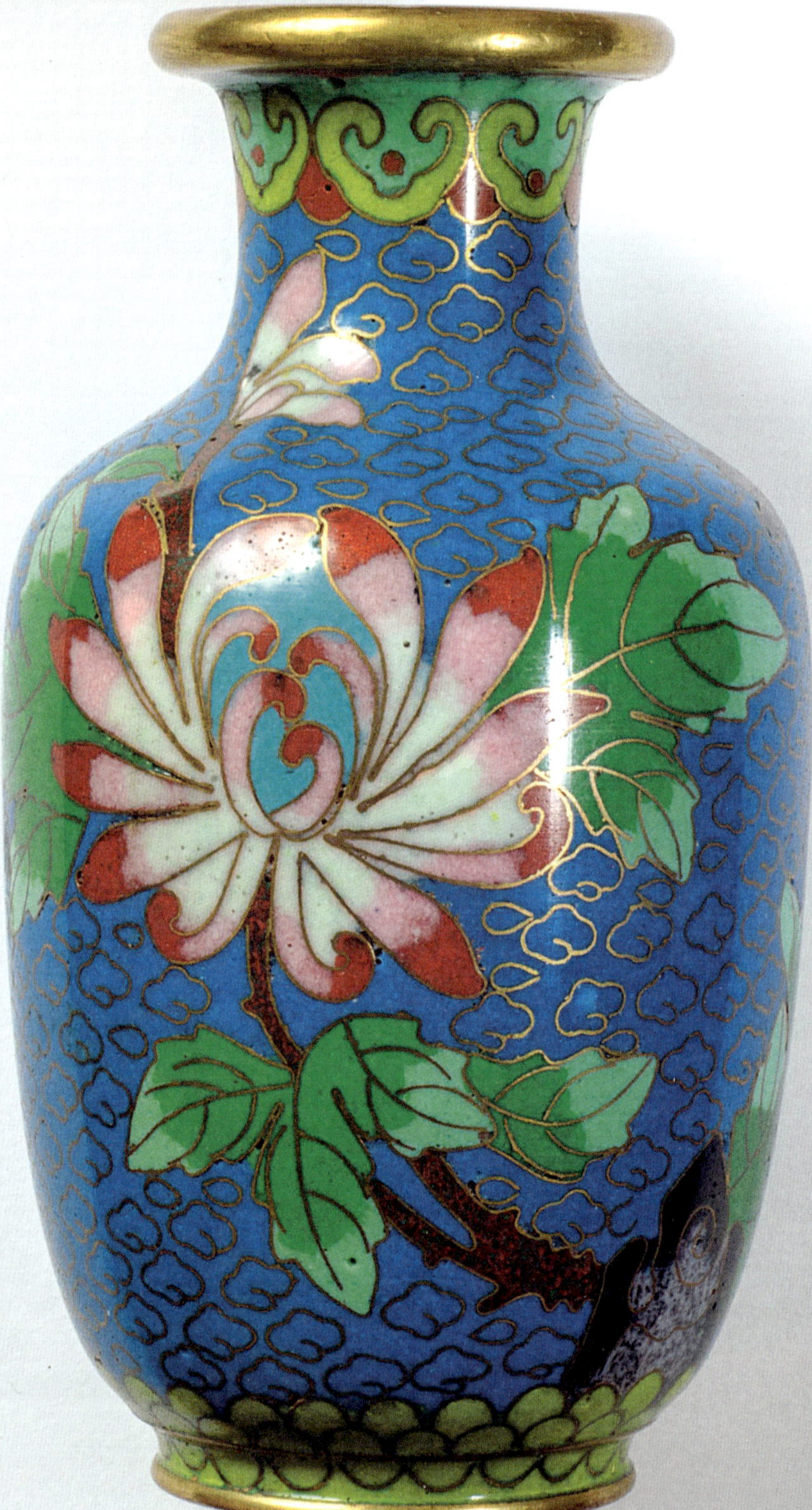

景泰蓝
Jingtailan

一件作品

图中展示的是一件盛世六合如意炉，它是当代景泰蓝工艺品的典范。

这款盛世六合如意炉小巧精致，像一位高贵端庄的皇家小公主，静静地伫立着，浑身流露出雍容华贵的皇家气派。实际上，它并不像我们眼睛所见的那般小巧，如意炉高达66厘米，宽为48厘米。

盛世六合如意炉整体分为五个部分：炉盖、炉颈、炉腹、炉脚、炉双翼，整体造型有方有圆，线条十分流畅秀美，给人一种庄重大方之感。

景泰蓝如意炉

更精妙的是它的色彩，五彩融合在一起，鲜艳缤纷浓丽却不显花俏，纹饰那么多变，但层次不致缭乱。盛世六和如意炉的制作遵循了传统景泰蓝的制作流程，它使用了紫铜片制作胎体，在掐丝工序、点蓝工序之中也融合了传统的烧瓷技艺。

特点

青铜、烧瓷、掐丝技艺的融合

景泰蓝制作的第一道工序便是"制胎",与传统青铜器的制作一样,需要用到模具才能完成,并且采用的金属材料都是铜。

一般情况下,师傅会采用上好的紫铜片来制作景泰蓝的胎体。但与青铜器胎体的制作不同的是,青铜器在胎体完成之后,直接将熔炼好的青铜液体浇注到模具里便可成形,而景泰蓝工艺品则不同,它需要像制作瓷器一样将胎体放到炉火中烧制。

这样做的原因有二:一方面是景泰蓝的胎体完成之后,要进行掐丝的处理,掐丝的胎体要保持图案的固定,而这种固定必须经过烧制才能做到。另一方面,掐丝胎体烧制完成后需要在表面进行珐琅釉料的着色,一般景泰蓝工艺需要上三次珐琅釉料,经过三次烧制才能让颜色变得明亮鲜艳。

景泰蓝制胎

纹样丰富,寓意富贵、吉祥

景泰蓝制作工艺结合绘画技艺,在莲花盘的设计上不断出新,这使得景泰蓝的纹样十分丰富,比如花卉纹、鱼纹、双鹿纹等,在明朝、清朝时期,比较常见的是莲花盘枝纹,这

铜胎掐丝珐琅

些装饰纹案都隐含着美好的寓意。

景泰蓝的花卉纹有牡丹、莲花，表示富贵与吉祥；鱼纹谐音同"余"，表示了富庶、年年有余；双鹿通"双禄"，表示了双倍的福禄；莲花盘枝纹象征着祖宗基业的生生不息、绵延不绝……哪怕看似简单的"卍"（读音wàn）字形纹饰，也表达了万寿、万福的意思，"卍"字在佛教的经文中，意思便是吉祥。

还有一些景泰蓝工艺品，在纹饰图案的选择上并不会拘泥于一种，而是多种纹案搭配在一起，整体、和谐地绘制在景泰蓝的胎体之上。

精通景泰蓝制作工艺的师傅告诉我们，之所以在景泰蓝工艺品的胎体上绘制多种的图案，是因为要杜绝胎体的大部分空白，空白过多的景泰蓝在烧制过程中容易破裂。

在使用绘画技艺时，景泰蓝所用到的是珐琅釉料，不是普通的绘画颜料。珐

景泰蓝荷花摆件　　　　　　景泰蓝花瓶

琅釉料是由多种矿物质，如石英、长石、硅等，加入有色金属氧化物后研磨成粉末，再按照一定比例调出的。

景泰蓝的颜色能从蓝色，演化成今天的五彩纷呈，经过了一代又一代的工匠传承出新，口口相传加上不断实践，成就了景泰蓝色彩的绚烂。

景泰蓝图案

景泰蓝制作材料

雕刻手法呈现典雅风格

雕刻技艺的运用在景泰蓝工艺品上较为常见，它使得景泰蓝在丰富的色彩之上又增添了典雅的风格之美。

在明朝宣德年间制作的掐丝珐琅缠枝莲纹炉便是在双炉把上运用了雕刻技艺，雕刻了栩栩如生的龙头，而清朝乾隆年间制作完成的精美錾胎珐琅太平有象，它的底座也运用上了雕刻技艺。

若论雕刻手艺最为出众的景泰蓝作品，当属于现今珍藏在故宫博物院的錾胎錾胎珐琅仿古牺尊，它于清朝乾隆年间制作，仿造的是古朴的战国青铜牺尊，浑身雕刻了火焰般的红色祥云纹，两耳、四蹄间也刻上了细细的纹路，十分生动，给人一种典雅、庄严之感。

铜胎掐丝珐琅缠枝莲纹龙耳炉

战国晚期青铜错金银牺尊

用途

景泰蓝制品十分丰富，明朝时期便有了景泰蓝花瓶、景泰蓝的碗筷、餐盘等用具，还有景泰蓝鼎、景泰蓝储物盒、景泰蓝熏炉等。

景泰蓝熏炉一般可以在里边放置炭火，供皇族人取暖之用，亦可以放置香料进行室内的熏香。

我国的清朝时期还制作出了景泰蓝家具与景泰蓝文具，如景泰蓝椅子、凳子、桌子、砚台、笔架等，它们的实用性很强。

不过，景泰蓝工艺品发展至今，更多被用在了装饰上。景泰蓝工艺品凭借着精美的外形，深受人们的喜爱。人们将它放在桌上、案头、客厅等处，作为一种装饰品使用，极具审美价值。

许多当代景泰蓝工艺品的水平一流，也可以用来拍卖、收藏。它本身的制作工艺复杂，造价偏高，加上丰富的内涵加持，可以说收藏价值非常高。

景泰蓝香薰炉

一位有缘人

景泰蓝工艺的起源可以追溯到元代时期，明朝景泰年间得到了大发展与大繁荣，不过景泰蓝工艺经过民国时期的动乱之后逐渐式微，面临着传统手艺失传的困境。

直到中华人民共和国成立之后，景泰蓝工艺在高校学子与专业人士的努力建设下才重获新生。

名师出高徒——钱美华

钱美华是最早学习景泰蓝工艺的一代工艺美术大师，她从学生时代便致力于景泰蓝工艺的学习与传承。

钱美华出生于浙江省宁海县一个"手工之家"，他们一家人的动手能力很强。父亲是制作大烟斗、精美钢笔的一把好手，哥哥在父亲的带领下也学会了钢笔的制作手艺，母亲更是纯手工织造花布的行家，姐姐也十分精通制作绣品。在这样的家庭氛围下成长，钱美华也长成了一个有手工天赋的姑娘。

于杭州就读大学的钱美华，在全国物资交流大会上遇到美丽的景泰蓝手工艺品，她一眼就被吸引住了，这一眼真让人难忘。

后来，钱美华凭借专业的绘画知识与手工天赋，被前来大学招实习生的北京特种工艺品公司相中，调往了北京市担任景泰蓝工艺图案设计员的职位。

在清华大学，钱美华受到了林徽因的专业指导，不久之后便设计出了一批具有民族风情的瑰丽图案，打破了原本景泰蓝工艺图案的单一。

宁海县田园风景

　　钱美华的恩师林徽因在集市上见到了精美的景泰蓝工艺品之后，不忍心这样的手艺失传，于是和丈夫梁思成在清华大学成立专门的工艺美术小组，全身心地投入在复兴景泰蓝工艺的工作当中。他们从全国各地招收了许多有美术、美工基

精美的景泰蓝工艺品

景泰蓝

础的学子，钱美华便是众多学子中的一员。

　　为了更加深入地了解景泰蓝工艺，钱美华走街串巷遍访从事景泰蓝工艺品制作的人家，经过一段时间的学习与调研，她对景泰蓝工艺的每一个制作流程已经十分熟悉，并且掌握了当时景泰蓝各大生产作坊的基本情况。

　　1955年，钱美华的恩师林徽因因病卧床，临终之前还深切嘱咐她要将景泰蓝工艺发展起来，不能让它失传了。就这样，28岁的钱美华从老师的手中接过了景泰蓝复兴的重担。

　　钱美华对于传统的景泰蓝图案并不熟悉，在她无助之时，大文学家沈从文给她支了一招，那便是到故宫去。在故宫，钱美华看到了众多工艺繁杂且精美的景泰蓝工艺品，她总是早出晚归，不管寒冬酷暑都在珍宝馆里临摹着景泰蓝传统图案。

　　没有推陈如何出新？钱美华只有在熟知景泰蓝工艺的传统的技法之后，才能更好地革新技法。终于，经过她的不懈努力，她不仅学会了传统的图案绘制，还在北京珐琅厂工作之时，亲自上手学习景泰蓝的制作工艺。

模拟林徽因生病时的场景（中国营造学社旧址）

在工作期间，钱美华会虚心请教老师傅们问题，踏踏实实地做手艺，拥有过人天赋的她比一般人学得要快，很快便能独当一面。

这一切并不能让她感到骄傲而不再向前，相反钱美华沉下心来写了中国第一部景泰蓝工艺的专业书籍《景泰蓝创作设计》，还完成了一系列关于景泰蓝图案问题的研究，这些研究影响了许多景泰蓝工艺大师。

更为难得的是作为景泰蓝工艺行业的泰斗，钱美华培养出了景泰蓝工艺美术大师米振雄、景泰蓝色彩第一人戴嘉林、最年轻有为的景泰蓝工艺大师钟连盛三位高徒，可以说钱美华用一生的时间证明了自己对于景泰蓝的热爱之情。

中国景泰蓝第一人——张同禄

1942年，张同禄出生于河北省曲阳县，在五六岁时，便对美术产生了强烈的兴趣。在家人的支持下，他很小便开始了学习美术知识，尝试着涂涂画画自己每天的所见所闻。

曲阳北岳庙

日子就这样一天一天地过去了，张同禄慢慢长大，他16岁时便已经从中学毕业，拥有一定美术功底的张同禄成功到了北京市的景泰蓝工厂里工作。

当时，张同禄的岗位职责是制胎，这可是一个需要耐心与细心的工作，制胎水平的高低直接关系到景泰蓝工艺品的最终呈现的样子。

经过一年多的学习后，张同禄意识到了自己艺术知识的欠缺，于是奋发向上考上了北京市工艺美术学校，专门学习金属工艺美术专业。

通过几年的学习，当张同禄再次回到景泰蓝工厂时，已经不再是稚嫩的毛头小子，而是一位学识渊博的青年了。在工厂工作的时间里，他不但创新地配制出多种景泰蓝的釉料，还研究出了新的纹案与花型。

张同禄在25岁时就创造出了被誉为"天下第一美"的孔雀壶。这款美丽的景泰蓝工艺品还被印在邮票上，这是史无前例之事，张同禄却做到了。

之后，他还将我国原本就有的民间传统玉器雕刻技艺、象牙雕刻技艺、花丝镶嵌技艺等融会贯通，应用在了景泰蓝工艺品的制作当中，这在当时可是一个了不起的大突破。

张同禄在担任技术副厂长时，带领着大家将景泰蓝原来独特的宫廷贵族风格，创新成了更加朴素、清新的风格，可以说此时的景泰蓝工艺品才褪去了皇家贵族的"高高在上"，走入了充满烟火气的民间。

1981年前，人们根本无法想象使用景泰蓝工艺还能制作出精美的壁画、屏风等工艺新品种，直到张同禄将这门技艺申请了发明专利，才有更多的人认识到什么叫"珐琅珀晶"。

除此之外，张同禄还创作出了许多有名的作品，比如摇曳生姿的《华冠万年灯》，再如气势恢宏的《祥龙晋宝》，还有被众多收藏家们青眼有加的《中华九九世纪宝鼎》，这些作品无一不精美绝伦，它们有些被拍卖与收藏，有些则是被当作国家形象礼品赠予了外宾。

清代景泰蓝九龙壁

为了能够更好地传承景泰蓝工艺，张同禄不仅十分珍惜海外的艺术交流机会，经常带着自己的佳作到国外宣传，还在60多岁的高龄创办起了个人景泰蓝工作室招收学徒，培养新一代景泰蓝工艺精英人才。

这些努力也为张同禄赢得了许多荣誉，他是我国一顶一的特技工艺美术大师，更是景泰蓝工艺的非遗继承人。目前为止，这位老人依旧奔波在将景泰蓝工艺发扬光大的路上。

景泰蓝工艺大师——李荣魁

李荣魁大师留着花白的胡子，给人一种仙风道骨之感，这样一个"不食人间烟火"的人，年少时也曾经受尽了生活的苦与磨炼。

1941年的夏天，北京市的天气还很炎热，有一个小男孩诞生了，当时家里人并不知道这个孩子将来会成为一位优秀的工业美术大师，他的名字叫李荣魁。

李荣魁从小热爱绘画，在读中学期间成绩一直很优异。可惜的是家里的兄弟姐妹众多，父母根本拿不出那么多的学费。因此，16岁的李荣魁曾犹豫过是继续读书，还是找一份工作以减轻家里的经济负担。

后来，李荣魁做出了自己的选择，他考取了当时正在全社会范围内招聘的北京市特种工艺实验厂，在厂里做一个小学徒，再怎么样也不担心没钱吃饭了。

李荣魁小小的身板，在抽拉铜丝的时候会不禁摇摇晃晃，一下班整个人腰酸背痛，这样的苦并不算什么，更加困难的是大师傅们没有全身心地将制作景泰蓝工艺品的手艺交给学徒们。

为了能够学到更多的本事，李荣魁对师傅们十分尊敬，不但早起买早餐给师傅，还经常给师傅端茶倒水。师傅看他手脚麻利，人勤快不说还很虚心求教，干活时便让他在一旁观看，还给了他废旧的材料练手。经过三年如一日的苦练，李荣魁已经可以一个人完成这个岗位的工作了。

不曾想，李荣魁又坚持了四十多年，把景泰蓝工艺的每一个环节都摸得透透的，他也不再是个手艺青涩的小学徒，而是成长为了精通景泰蓝工艺全部工序的大师。

学有所成的李荣魁，创作出了很多作品。20世纪80年代，李荣魁的作品《中日友好杯》还在众多精美作品中脱颖而出，它被外交部门当作国礼赠送给了日本天皇。

正当李荣魁的事业蒸蒸日上之时，他却患上了严重的胃癌，经过手术缓解了病症之后，他的想法全然改变了。李荣魁想着自己一定要把景泰蓝工艺整理成系统性的知识，让后人能够了解到这门手艺，使它不被时间的浪潮掩埋。

此后，李荣魁更加精心教育自己的徒弟们，给他们细致地讲解着景泰蓝工艺的各种知识，小到一个细节处理，如颜色过渡等问题，都能讲上许久。在他的精心培养下，一批小学徒成长为工艺水平极高的景泰蓝技师。

景泰蓝出炉

一门手艺

景泰蓝是一种独特的金属工艺美术品类，运用景泰蓝技艺制作出来的工艺品十分精美，又因为常用的材料为紫铜与珐琅，常用的技法为掐丝，又被称为"铜胎掐丝珐琅"。

在明朝的景泰年间，这门技艺得到了大发展，当时的景泰蓝工艺品常用的珐琅釉料为蓝色，所以得到了"景泰蓝"的美称。

如今景泰蓝工艺品呈现出更多颜色的变化，不过现在人们还是习惯将其称为"景泰蓝"，景泰蓝成了景泰蓝工艺美术品的总称。

一件合格的景泰蓝工艺品的制作需要经过大概八道工序、一百多个小步骤，花费创作者几个月甚至几年的时间。

明代铜胎掐丝珐琅福寿双耳瓶

景泰蓝工艺品的制作流程

设计

无论是什么类型的手工艺术品，手艺人要将它们创作出来，第一件事便是要进行构思与设计。景泰蓝工艺大师在创作一件工艺品时，首先要构思的内容是胎形、纹样图案、色彩。

　　常见的景泰蓝工艺品有花瓶、瓦罐、熏炉、大鼎、船只等，胎形丰富多样，纹样与图案也有丰富的变化，它的色彩更是讲究。因此在设计的环节，手艺人都要对自己想要的作品了然于心、绘制于图。

　　此时，手艺人日常美术知识的积累、审美情趣，以及对于制作景泰蓝工艺品的材料了解程度，都是十分重要的，没有这些因素的共同作用，很难成功创作出具有艺术价值的景泰蓝工艺品。

大运河文化带非遗展铜胎掐丝珐琅

❀ 制胎

在完成景泰蓝工艺品的设计之后，手艺人需要进行下一道工序制胎，制胎的成功与否直接决定了景泰蓝工艺品是否美观，制胎一般可以纯手工操作，也可以配合机械进行操作，还可以通过錾刻花纹制胎。

我们需要知道的是制胎这道工序里，手艺人需对制作景泰蓝工艺品的紫铜片进行厚度的选择，接着按照设计图纸的要求将紫铜板画出大小合适的形状，并用铁剪刀进行裁剪。

假如手艺人要制作的是景泰蓝花瓶，那么花瓶的瓶口、瓶身、瓶座都要分开裁剪，之后再用小铁锤锤打出瓶口、瓶身、瓶座的形状，再将这三个部分一边焊接，一边锤打在一起，使其牢固。若技师采用的是錾刻花纹制胎的方式，此时锤打的力度与准确度更加重要，需要掌握好其中的平衡关系。

制作好的景泰蓝铜胎

在制作好胎体之后，手艺人需要将胎体放到专业的酸性溶液中去除杂质，并且检查胎体是否还需要调整，并用钢质小锉将胎体的边缘的毛刺等处理干净。

❀ 掐丝

手艺人制作完成一个合格的胎体之后，需要用圆规沾上墨水在胎体上定位出设计图纸上图案的大体结构。接着使用复写纸与笔在定位好的结构板块内拓下全部纹案，这样操作可以提高后续粘丝的准确度。

完成这样的准备工作之后，手艺人需要准备好不同型号、粗细的扁铜丝，然后用特制的铁镊子将扁铜丝掰成设计图中纹案的不同形状。

当然，这个过程当中，并不是一根铜线便全部掰成设计图中的纹案，而是按照纹案的大小剪成一段一段的铜丝再进行掰制。这一道工序需要手艺人娴熟的功底，也是景泰蓝工艺中难度较高、并能体现手艺人技艺高超的所在。

掐丝珐琅图案

如何能够掰出鸟兽的灵动之感、人物的神态的变化，这是一门需要手艺人磨炼上几十年的技艺。

❀ 粘丝

掐丝环节完成之后，手艺人需要将掰好的铜丝放在容器里，放入炉火中烧制，这样一来高温会使得原来僵硬的扁铜丝变得柔软，柔软的扁铜丝在手艺人进行下一道工序粘丝时更加容易操作。

粘丝指的是手艺人要使用镊子将掰好的扁铜丝用白芨粘在铜胎上，粘丝的师傅一定要尽量将铜丝粘平准、粘牢固，粘丝完成后胎体已经不再光秃秃，而是变成了没有上色的完整图案。

❀ 焊丝

铜丝被粘贴在胎体上，从表面上看它已经十分牢固，但实际上这样的牢固程度并不足够。为了提升它整体的牢固程度，手艺人需要在铜胎的表面均匀地撒上铜焊粉，接着把撒上铜焊粉的胎体放入900摄氏度左右的火炉中烧制。

第一次烧制完成后，从火炉中取出铜体，检查是否有铜丝卷边、翘起或缺失，并将出现的问题一一解决。之后，再将铜焊粉均匀筛涂在铜胎表面，此时铜焊粉的量比较讲究，不能太多也不能太少，如果铜丝表面太干燥还需要喷少许的水在表面，接着将铜胎拿到炉子边烤制。

点蓝

点蓝是指手艺人在烧制好的铜胎上用调制好的釉料进行着色。在进行这一道工序时，师傅需要先将各色的釉料准备好，并且备好着色时会用到的工具，如吸管、点蓝枪等。

在准备工作完成后，负责点蓝的手艺人需要将已经焊制好的铜胎用清水冲刷表面的杂质并晾干。铜胎干燥之后，便可以使用吸管或蓝枪等工具在铜胎上着色，值得注意的是此时的着色需要区分颜色的明暗度、纹饰的特点、设计图整体的透视关系等，这项工序考察的是手艺人的美术知识与着色的娴熟程度。

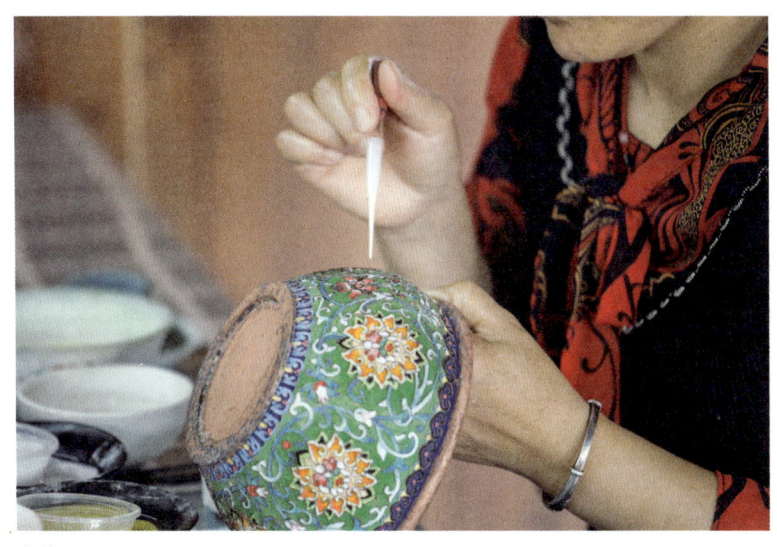

点蓝

烧蓝

第一次着色被师傅们称为"点头火",着色的厚度是铜丝的三分之一,点头火完成之后,便需要将铜胎放到火炉中烧制,炉火的温度要控制在大概700摄氏度,将烧琅完成的铜胎取出后。

此时,经过烧制的釉料会收缩,因此需要二次点蓝,有些景泰蓝工艺品要反复烧蓝才能达到理想的效果,像张同禄大师的作品——盛世六和如意炉,便要反复烧蓝达十次。

打磨

烧蓝完成之后,铜胎表面虽然有了颜色,但是并不光亮,反而有一种夹杂着灰黑色的黯淡,用手触摸时还能感受到铜丝的凸起与粗糙。这时便需要进行下一道工序——打磨。

打磨也被称为"磨光""磨活",它被分为手动磨光与半机械磨光,但无论如何都需要到黄石或木炭等特殊材料在铜体的表面进行,并且打磨时需要掌握好力度。

打磨

镀金

镀金是景泰蓝工艺品制作的最后一道工序，经过打磨后的景泰蓝半成品表面有铜丝，这些铜丝长期接触空气会被氧化生锈。为了使它们能够保持光泽与美丽，需要手艺人在半成品的表面镀上一层黄金。

在镀金工序进行之前，手艺人会将半成品放到一定温度的碱水与酸水中进行清洁，去除表面的异物，之后用清水冲洗，最后才能镀金。镀金完成后便得到了一件崭新的景泰蓝工艺品。

镀金后的景泰蓝工艺品

一方水土

❀ 北京

　　工序如此繁杂的景泰蓝工艺品，究竟是在什么地方才有售卖呢？相信很多读者朋友一定也很好奇。其实，景泰蓝工艺品的生产地主要是在北京，靠近北京的河北省也有一些地方生产，但是产量都不多。

　　在古代，北京曾是多个朝代的都城，历史文化底蕴深厚，一直是政治、经济、文化都相对发达的地区。景泰蓝工艺的起源地正是在北京，它凭借着高超的技艺与华丽的外表，一直受到了皇家贵族的喜爱，并且明朝、清朝时期的统治者都在北京设置了专门从事景

北京皇家园林颐和园景泰蓝商店

泰蓝工艺品制作的珐琅作坊，这两个时期也是景泰蓝工艺大繁荣的时期，因此生产的景泰蓝工艺品数量多，质量还上乘。

不幸的是清朝晚期时，因国库空虚裁撤了珐琅司，很多手艺人离开皇宫回到了民间，景泰蓝手艺才跟着这些师傅扎根在了靠近北京的河北。

因此，我们才说景泰蓝工艺品的盛产地主要在北京，之后才是河北。

北京市珐琅厂

中国晚清时期至民国时期，战乱不断，国内政治环境动荡、经济发展滞后，导致了当时的人民生活艰苦，景泰蓝工艺进入了衰落期。

中华人民共和国成立之后，在国家政策的支持下，北京市内的42家珐琅小作坊与皇家制作景泰蓝的作坊合并在一起，创建了"北京市珐琅厂"。这在当时可是一件激动人心的事情，郭沫若先生还为这家珐琅厂题写了厂名。

北京市珐琅厂的建立有力地推动了景泰蓝工艺的复兴，它有着当时最先进的烧炉、冲压机、制胎机、鳔丝机等设备，为制作高品质的景泰蓝工艺品提供了条件。

北京市珐琅厂

在北京市珐琅厂投入使用之后，汇聚了大批的景泰蓝工艺的匠师，厂里还在全国各地的高校里挑选出了拥有美术功底的学生进厂学习、工作，培养了大批优秀的景泰蓝传承人，如顶起景泰蓝半边天的钱美华、景泰蓝第一人张同禄、景泰蓝色彩大师戴嘉林等。

香港回归的那一年，北京市珐琅厂设计了拥有特殊意义的《普天同庆》对瓶，作为庆贺香港回归的礼品，赠予了香港特别行政区。

俄罗斯首都莫斯科建城850周年庆时，北京市珐琅厂设计生产的景泰蓝工艺大瓶被北京市政府当成贺礼送去了莫斯科。

迄今为止，北京市珐琅厂生产的景泰蓝工艺品仍然保持着高水准，成为景泰蓝工艺文化保护传承的重要基地。

一段历史

　　景泰蓝工艺流传至今已经有700多年的历史了。

　　我们知道掐丝是景泰蓝工艺中不可或缺的一道工序。而在我国元代，掐丝技艺已经相当成熟，在故宫博物院收藏的很多文物都用到了这门技艺。但是，根据专家的考证，证实了景泰蓝工艺真正传入中国的时间是在公元13世纪。

　　13世纪末，元朝军队出征欧亚大陆，接触了当时流行的金属工艺艺术品，他们命令阿拉伯地区的工匠们专门制作这类工艺品供皇族使用。可以说，景泰蓝工艺是从阿拉伯地区传播而来。

元代掐丝珐琅缠枝莲纹象耳炉

景泰蓝工艺到了中国之后，先是在西南地区流行了一阵，后辗转到了内陆地区。直到明朝时期，它的工艺才算真正得到了创新，当时的景泰蓝工艺品着色一般为蓝色，并有少量的红色、白色、明黄色等，采用的表面装饰多为大明莲，并掺杂着少量的花卉图案以及古老的青铜器纹饰，还融入了一些中原民族的元素。

　　清朝早期，中国经济政治环境稳定，景泰蓝工艺品的种类逐渐丰富，有大型的珐琅家具与日常的碗筷、酒具、茶具、储物盒等，但是总体的风格与明代并无二致，区别在于清朝的景泰蓝工艺品比明代的更加奢华，工艺更加复杂。

清代宫廷中精美的景泰蓝工艺品

民国时期政治环境不稳定，经常发生战乱，导致经济也有一定的滞后，此时的景泰蓝工艺品出口国外比较多。

中华人民共和国成立以后，在政府的支持下，一批学者如林徽因、梁思成、郭沫若等人与专业人士钱美华、张同禄、李荣魁等人开始了景泰蓝工艺的复兴，直到如今它的发展空间还很大。

梁思成塑像

一袭传统

景泰蓝是至高无上的皇权象征

景泰蓝工艺最初的诞生，便是与元代的贵族相关，若是没有蒙古远征军带回来的匠人，景泰蓝工艺就不可能那么早在华夏大地上生根发芽。

元代的统治者们被这种难得一见的金属工艺品吸引，甚至将它占为己用，大概率是想通过这种中原没有的稀有物品来展现自己至高无上的权力。

这种金属工艺发展到了明代、清代也是专门提供给皇家使用的器物，它们被当作皇宫大殿的主要装饰物，明代、清代的统治者们甚至建造了专门的珐琅制作坊，培养了一批专业的技术人员从事生产。

据说，清朝的乾隆皇帝在每年的除夕宴会上都会使用景泰蓝餐具，并且除了他以外的其他人均要使用陶瓷餐具以作区分，这样方能显示自己至高无上的地位与尊贵。

因此，我们可以说景泰蓝工艺品一开始的"出场"便注定了不凡，它是至高无上的皇权象征，代表着皇家天子独有的尊贵，是帝王文化当中不可或缺的重要组成部分。

景泰蓝是国际交流与团结的纽带

清朝末年，具有中华民族风格的景泰蓝工艺品引起了西方人的关注，有多家外国商行纷纷致力于景泰蓝工艺的研究。

民国早期，也有英国、法国、美国的商人购买景泰蓝的工艺品，并将它们带去了海外。当时的北京市还有一些提供特殊服务的公司，这些公司的业务主要是帮助外国商人们采购精美的景泰蓝工艺品。

中华人民共和国成立之后，景泰蓝工艺得到了延续与发展，钱美华、张同禄、李荣魁等多位大师的作品，不仅被展列在人民大会堂等地供人们赏鉴，还被中国外交部选中，作为国礼赠予外宾，俄罗斯、日本、韩国、日内瓦等国家都曾收到过中国赠予的景泰蓝工艺品。

　　由此，我们可以深切地感受到景泰蓝工艺品是中国面向世界的国宝、国粹，它是中华民族文化艺术的瑰宝。

　　外国友人通过景泰蓝工艺品，能够领略到中国作为文明古国的历史底蕴与浓厚的文化、艺术气息，景泰蓝就像一条纽带，将中国与世界各国紧紧地联系在一起，增进了国际交流与团结。

景泰蓝《友谊之船》曾作为国礼赠送给外国元首

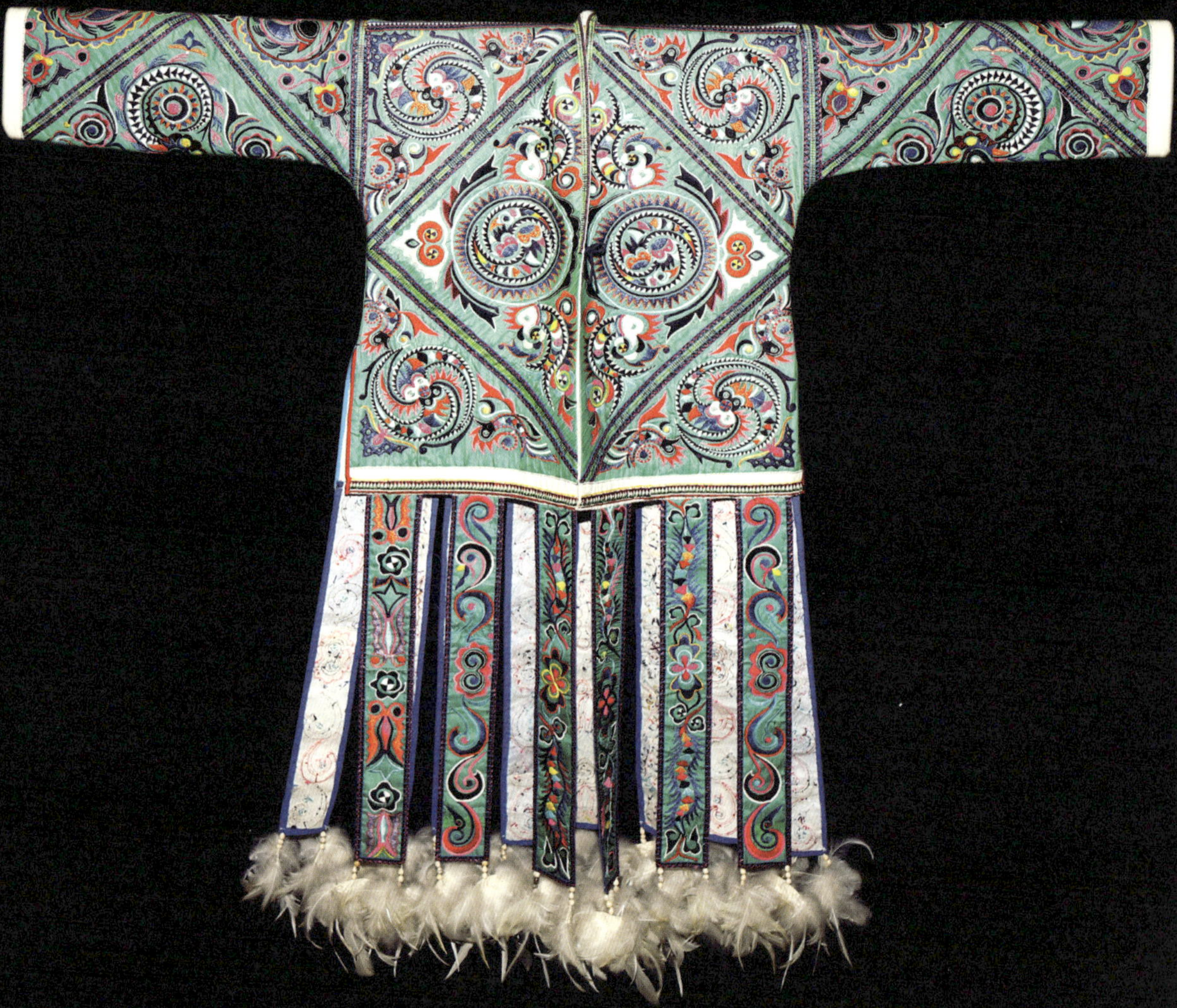

苗族锡绣
Miaozu Xixiu

一件作品

图中是一块精美的苗族锡绣绣片,它是苗族锡绣的优秀之作。

在正常的光照条件下,这块苗族锡绣的绣片显得十分明亮,若是将它放在阳光之下欣赏,更加耀眼夺目。

让人忍不住发出赞叹的是这块苗族锡绣绣片使用了黑色、红色、蓝色、墨绿色等四种颜色,又在绣片上绣制了复杂的几何纹饰,但是从整体的风格上看来,还是那么大方素雅,给人一种古朴的审美享受。

苗族锡绣

特点

苗族锡绣技艺是贵州苗族先民独创的一种工艺绣法,这样的金属绣法在全国范围内绝无仅有,世界各国也未曾出现过此类绣品。

精美的刺绣是苗族服饰不可或缺的元素

仅从一片小小的苗族锡绣的绣片，我们便能够感受到它古朴素雅的风格，这种风格的形成与它独特的选材、精美的几何图案有着密切的关联。

独特的绣材

苗族锡绣之所以如此独特，是因为它在制作的时候使用的绣材不一般，它用到的绣材之一便是金属锡。

金属锡像白银一样泛着光泽，虽然制成的绣品没有白银饰品的纯白，但是颜色也十分明亮，加上锡的价格较低，容易购买，并且本身的重量较白银轻，适宜佩戴，因此广受苗族人们的喜爱。

不过，若是你以为苗族锡绣独特的绣材仅体现在锡的运用上，那就太片面了。锡绣用的背景

苗族亮布锡绣女服

苗族锡绣　241

布也是纯手工制作且品质上佳的布，苗族同胞把这种藏青色的手工布叫"亮布"。

亮布的制作工序十分复杂，并且费时费力。

为了能挑染出色彩饱和度极佳的藏青色，不但要使用板蓝根等多种天然染料印染，还需要用熬煮好的猪皮胶浸泡，并经过反复的捶打、晾晒才能成型，可以说每一匹亮布都来之不易。

❀ 精美的几何纹饰

苗族锡绣在纹饰图案的选择上大多采用的是抽象的几何图案，它们看似变幻莫测，但实际上都是按照一定的规律演变着，并且十分讲究整体与和谐。

既然要讲究和谐，这些几何图案便不会随意变化，而是注重对称性，一般绣满九排至十一排，并塑造出一种整体的和谐之感。

不得不说，苗族人民像自然生活的画手，这些精美的几何纹饰

苗族刺绣图案

灵感来源于农耕生活的方方面面，有表示屋子、山岭、孩童、老人的纹样，有表示公平、公正的"小秤钩"纹样，还有表示耕牛在犁田、木匠的弯尺、农用的工具的纹样……

几何纹饰与苗族人民的生产、生活息息相关，但是它们绣在亮布之上又是那么平常，外行人看不出其中的丰富寓意，最多会觉得这些纹饰十分抽象与神秘。

用途

苗族姑娘在很小的时候便要学习刺绣，一般母亲会在女儿出生后便开始准备嫁衣，有一套至多套。在苗族传统服饰当中，锡绣的应用也十分常见，它们主要应用在苗族传统服饰的修饰上。

苗族人民将锡绣技艺用在了传统服饰的背饰与裙饰部分。背饰指的是在苗族服饰的背部上进行装饰，裙饰指的是装饰、衬托苗家姑娘百褶裙的裙片，裙片还被细分为前裙片、后裙片。

在锡绣的装点下，朴素大方的苗族服饰多了典雅、生动的感觉，特别是苗家姑娘走动与跳舞时，裙片上的锡绣更加灵动鲜活，熠熠生辉，十分美丽。

苗绣嫁衣

一片看似简单的锡绣绣片,其实制作的难度并不低,所要耗费的时间也相当长。正是因为制作工艺的精湛,以及锡绣本身独特的美感,完整的锡绣作品有着巨大的收藏价值,在市场上受到了大家的喜爱,中国乃至世界范围内都有收藏锡绣的收藏家。

苗绣背饰

一位有缘人

龙女三九

  龙女三九是苗族锡绣省级非遗代表性传承人,她出生于贵州省剑河县的南寨苗族村落。这个村子里的苗族男子负责种地,女子则是在家中洗衣做饭、照顾家人,其他时间便是负责织布与刺绣。

贵州剑河苗族仰阿莎故乡

因为家中经济条件不好，八岁时龙女三九便跟着母亲学习锡绣，年幼的她总是裁剪不好平整、均匀的锡条，一般都是拿着母亲剪好的锡条在绣好底纹的亮布上钩锡、上锡。

当时，龙女三九对于锡绣技艺还处于一知半解的阶段，不过4年后她便掌握了母亲教授的刺绣知识。

17岁时，龙女三九已经能够凭借扎实的绣工，独立完成衣服的绣制工作，在她看来妈妈的绣工虽好，相比于外婆那还是不够精美，而自己离她们还有很长的一段距离。

"我可以两天不吃不喝，但是不能一天不绣花。"这是龙女三九在面对记者采访时说过的话，她对于锡绣的热爱是如此赤诚。

正是因为这一片赤子之心，让龙女三九一直保持着刺绣的习惯，当同村一起学艺、一起成长的小伙伴纷纷放弃刺绣时，龙女三九的初心始终不改。

热爱刺绣的苗族女孩

建立工作室

2006年，龙女三九为了锡绣的传承与发展创建了锡绣工作室，工作室内整体的装修风格简朴、素雅，正如龙女三九给人的感觉一样。

在木制的柜子上陈列着许多奖杯、荣誉证书，以及一些获奖的锡绣作品，让人眼前一亮，这些荣誉都是龙女三九带领着团队在大大小小的竞赛中获得的。

这间工作室接待了来自四面八方的参观、考察的研究人员，有从广州来的、北京来的、上海来的，甚至有外国友人不远万里、漂洋过海来到工作室学习。

锡绣的名气越来越大，工作室里陆续接到了很多制作锡绣绣品的订单，客人们定制的绣品大小不一，绣品价格在600～2000元不等。

苗族锡绣服饰展示

龙女三九将村里会锡绣手艺的苗族女性们聚集在一起，工作室里的这些订单，都分给了村里的绣娘们一起做，增加了大家的收入，改善了村里大部分家庭的经济状况。

当龙女三九知道了剑河县内很多身有残疾的女性没有一技之长后，她答应剑河县残疾人联合会的工作人员，会将这些女性组织到工作室进行锡绣的学习，目前进展很顺利。

招收学徒，高校授课

"只要有人愿意学习锡绣，我就毫无保留地义务教学，将老人们传下来的锡绣手艺传承下去。"龙女三九坚定地说。

事实上，龙女三九就是如此做的，她的学徒本来就有不下两百人，慕名而来学习锡绣的人更是数不胜数，对于这些学生她都细心地教授刺绣的知识与技艺，有些学徒已经可以独立完成绣品的制作了。

在龙女三九的个人工作室里，还专门开辟了一个独立的房间作为日常的学习、交流之用。

贵州师范大学

　　贵州当地的师范大学邀请龙女三九到课堂上给学生们讲述锡绣知识，这对龙女三九来说是个不小的挑战，她觉得自己本身文化水平不高，怕讲不好课。

　　即便如此，龙女三九还是克服了其中的困难。她说："我没读过书，没啥文化，但是我觉得自己有义务把手艺教给后人，让更多人知道锡绣，喜欢锡绣，学习锡绣。"

　　龙女三九对于锡绣的热爱，不仅影响了她的很多学生，也感染了自己的女儿陈艳，如今陈艳已经成长为村里手艺极佳的绣娘，相信她的未来可期。

王亨石

　　孟子有云："爱美之心，人皆有之。"追求美丽的事物本身并没有错，有一些人还因为爱美之心，找到了一生的事业，这些人当中就有一个名叫王亨石的苗族小姑娘。

年幼的王亨石在村子里经常能看到穿着美丽服饰的姐姐们，特别是在节日的时候，盛装打扮的姑娘们像一朵朵娇艳的花朵一样，她多么希望有一天能拥有一套属于自己的苗族服饰。

7岁时，王亨石便跟着母亲学刺绣的手艺，一针一线都要反复练习才能熟练。每当放学后，成群的小姐妹会坐在小木凳上学习锡绣，那时候时光很慢、很悠长，30多年后王亨石依旧怀念不已。

苗族百鸟衣服饰

锡绣工作坊

经过三十多年的坚守，王亨石已经从当初爱美丽服饰的小女孩，成长为一个锡绣技艺娴熟的大师了。

起初，王亨石会带着自己精心绣制的作品到剑河县里、贵州省里参加竞赛，这些作品为她赢得了许多荣誉，现在它们与获奖证书一起摆在了王亨石温馨的家里。

　　我们都知道贵州山水美如画，全国各地有很多游客汇聚到贵州，他们领略着当地的人文风情。有一次，王亨石拿着锡绣作品到酒店做展示，游客们对锡绣作品爱不释手，当场成交了一万多元，绣品一销而空。

　　这让王亨石看到了锡绣作品的广阔前景，经过一段时间的准备，王亨石于2013年在剑河县成立了锡绣手工艺品作坊，并招收了许多绣娘，慢慢地锡绣生意开始好了起来。

贵州苗寨风光

虽然订单不断，但是由于王亨石的锡绣手工艺品作坊十分注重产品的质量，加上原本锡绣的工艺就比较繁杂、耗时，小作坊能获取的利润并不高。

面对这样的情况，王亨石并没有失落，在她看来，有人喜欢锡绣，绣娘们能够在一定程度改善自己的生活，这门锡绣技艺能够得到发展与延续才是重中之重。

王亨石在接受记者采访时说道："我现在要做的事情，就是让锡绣传承下去，使更多的人知道剑河县锡绣的存在。"为了达到这样的目标，她经常在全国各地奔波，到处参加手工艺展。

当王亨石接到贵州民族大学、北京工业大学的授课邀请时，她会精心准备需要用得到的知识与材料，即使内心紧张得不行，也要硬着头皮上课堂讲课。

直到今日，王亨石依然兢兢业业为了锡绣的传承与延续做着自己的一份奉献，她也因此获得了苗族锡绣省级非物质文化代表性传承人的身份。

贵州民族大学

一门手艺

苗族人民创造了许多独特的民间手艺，其中有银饰锻造技艺、苗族织锦技艺、苗族剪纸技艺、苗绣技艺等。

苗族锡绣便是苗绣技艺中的一种，根据贵州苗族人民传唱的苗族古歌内容上看，苗族的锡绣技艺起源于唐朝末年至宋朝的早期，那时苗族人刚好迁徙跋涉到了剑河县，可以说苗族锡绣手艺发展距今已经有一千多年历史。

它与传统的苗绣技艺不同，传统的苗绣使用的是丝线，而苗族锡绣使用的是金属材料——锡。

苗族人民如何运用金属锡制作出精美的锡绣呢？相信大家也十分好奇。一片完整的绣品制作包含了

应用锻造技艺生产的苗族银饰

十几道工序，一身锡绣衣裳要花上两年时间才能完成。在这十几道工序当中，最主要的是以下这四道关键工序。

制布

苗族锡绣所用的棉布十分特别，当地人叫它为"亮布"，它摸起来格外绵

软，表面呈靛蓝色，还散发着一种微微的光泽，这是在外面机器生产的布料无法达到的效果。

苗族人用缫丝机、织布机等器械通过手工织成白色的棉纺布，并将这白色的棉纺布放在从植物提取的天然色素中反复浸染，之后用胶猪皮或胶牛皮反复浸泡，接着用木槌捶打、晾晒之后才能使用。

靛蓝染布

传统缫丝机

❁ 穿线挑花

亮布制作完成之后，苗族的姑娘会用暗色的棉纺线在靛蓝色的亮布上按传统图案穿线挑花，这一步十分费眼睛，经常是年轻女孩来操作这道工序。

有一些锡绣绣品需要用彩色的棉纺线再铺一层图案，具体看情况而定。

❁ 裁锡上锡

在南寨镇的展留村，只有龙女三九会手工制作锡片，这与市面上购买的锡片不一样，手工做出来的锡片有着自然美观的纹路。

有条件的苗族姑娘会使用手工锡片做材料，当然在市场上购买的锡片也是可以用的。锡片的裁剪要用到剪刀，一般会将锡片剪成1毫米的锡条，锡条可以用来代替针头、线头。

苗族姑娘在制作绣品时，会将裁剪好的锡条穿过棉纺线，接着锡条的一头会被扣起，另一头用剪刀剪断即可，值得注意的是要注意被剪掉的锡条的长度要一致，这个过程称为上锡。

❁ 绣花扣锡

上锡工序完成后，需要进行下一道绣花工序，绣花用的是红、黑、蓝、绿四种颜色丝线。苗族姑娘会将这四种颜色的丝线，在亮布上绣上方格图案，看起来像盛开的花瓣一样。

此时，一幅锡绣作品基本完工，只需要扣好在亮布上的锡条，再最后修正一番，便可得到精美的锡绣工艺品了。

一方水土

剑河县的展留村是苗族锡绣的盛产地，这里的苗族人民最擅长锡绣的制作，几乎每个苗族女孩都会锡绣这门技艺，她们从小便跟着家里的长辈学刺绣。

❀ 展留村

展留村位于贵州省剑河县内，属于剑河县南寨镇的一个小山村，它隐匿在群山环绕之中，像陶渊明笔下的世外桃源一样。

展留村的苗族人都姓龙，他们在这里创造出了丰富多彩的生活，这里生产的苗族锡绣也是名声远扬。

一直以来，"男耕女织"式的生活是展留村的一大特色，苗族人民能在这里安稳地生产、生活，是因为受很多方面因素的影响，比如气候、地理位置、交通等。

❀ 适宜居住、耕种的自然条件

展留村处在亚热带季风气候区，春夏秋冬四季分明，夏天清爽宜人，冬天虽冷但降雪不多，全年雨水丰沛，适合人们居住与发展农业生产。

展留村周边群山绵延起伏，山上树木茂盛，给了当时受尽战乱之苦的苗族人民一个安静的生活环境，这是一个极佳的避难之所。于是，辛勤的苗族人就地取材在山脚下建起了美丽的双层吊脚木

苗乡的梯田与群山

楼，在山间开垦出了一层又一层的梯田。

　　苗族汉子在田地里挥洒着汗水，苗族的姑娘们辛勤地踩着织布机，日子便慢慢地好转了。

❀ 清水江——一条便利的水路

　　由西北向东南蜿蜒流淌的清水江，属于长江支流沅江上游河段，发源于六盘山北部。它常年流淌着，途经了贵州的台江县、剑河县、锦屏县等地，并流入湖南省境内。清水江滋润着展留村里的苗族人，他们不仅可以饲养鸡、鸭、鹅，还有河里的鱼虾等水产也丰富着自己的饮食生活。

此外，清水江还便利了展留村苗族人民的出行，让他们能够沿江而下到附近的集市上从事买卖生意，为闭塞的展留村提供了一条通向外界的水路。

居住在展留村的苗族人民经常会带着从山间砍的木材和采的药材，以及瓜果、布匹、绣品等特产，乘着木筏子沿清水江而下到邻近的繁华之地换取所需的物品。

这一来二去，苗族人民接触到了金属锡这一材料，锡像白银一样闪耀，价格低廉，他们便将锡运用在了本族服饰上，这样爱美的苗族姑娘不但有鲜艳的山花戴在头上，还有了流光溢彩的锡绣百褶裙。

那时候的日子那么长，清晨与日暮中间有大把时间可以消磨，苗族的姑娘们三三两两聚集在一起，切磋着各自的手艺；那个时候日子那么美，有太多生活的光影需要捕捉，渐渐地百褶裙上的锡绣开始记录下小村里的故事。

就这样，锡绣经过一代又一代苗族人的流传到了现在，它成了展留村苗族绣娘增加收入、改善生活的一门手艺，各种各样的锡绣绣品通过展留村畅销到了全国各地，乃至国外。

风景秀丽的清水江

一段历史

根据历史记载，唐朝末年的战乱使得苗族人民迁徙到了清水江畔，苗族锡绣正是在清水江畔的展留村产生，并得到了发展。

但这一切究竟是如何发生的呢？贵州苗族一带流行的一个传说故事给了我们答案。

苗族人民大迁徙

相传在远古时期，苗族先民居住在肥沃的黄河中下游平原地区，部落联盟由八十多个小部落组成，大家一起生活，蚩尤是他们的部落首领。

蚩尤打败炎帝之后，炎帝联合了黄帝对付蚩尤，在涿鹿之野三方发生了一场激烈的战争，这一场大战以蚩尤的死亡为终。蚩尤死后，苗族部落联盟分崩离析，苗族先民们被迫远走他乡，他们迁徙到了南方长江流域，在江西的鄱阳湖与湖南的洞庭湖之间居住了下来，并建立起了三苗部落。

后来，逐渐强大的三苗部落经常骚扰当地的夏部落，夏部落的首领舜派遣了治水有功的夏禹率军攻打三苗，最后取得了大胜，做出杰出贡献的夏禹也当选为新一任的夏部落首领。

不曾想在夏禹召集各部落会盟期间，三苗部落又卷土重来，率军

蚩尤画像

攻打夏部族。这次夏禹被彻底激怒了，他联合各部落的人民打败了三苗部落，此后三苗部落便消失在了历史长河中，余下的苗族先民被迫迁徙到了湖南的西南部。

"安史之乱"之后，唐朝的统治走向衰落，后来便爆发了农民起义，长期征战让老百姓苦不堪言，当时居住在湖南一带的苗族人民再一次迁徙到了广西北部地区，有些苗族人直接来到了清水江附近。清水江两岸交通便利，利于农耕、樵采，他们便在清水江岸安了家。

不过，展留村的形成还有一段独特的历史。在清朝康熙雍正年间，中国西南地区的苗族承袭的是土司制度，当地的苗族首领便是世袭的朝廷官员。

1737年，清朝政府要对贵州柳霁地区实行"改土归流"的政策，变相废除土司制度。当地的苗族首领十分不满，便率领族人抵抗清政府。在清军的围剿下，苗族人战败，仅剩下少量的苗族人民躲进了南寨附近，并隐藏踪迹逃进了深山，他们在深山里居住了下来，形成了展僚村，也就是如今的展留村。

苗族先民们在展留村过上了平静的生活，他们经常乘坐木排沿着清水江蜿蜒而下，运输当地的木材到湖南等地换取生活用品，偶然间他们发现了金属锡这种特殊的材料。

穷苦但又热爱生活的苗族人民，用价格低廉的金属锡代替了贵重的白银，结合苗族的刺绣技艺，创造出了精美的苗族锡绣。

贵州苗寨

一袭传统

✿ 锡绣与苗族装饰

苗族人民爱美体现在他们的服饰上，藏蓝色的衣裙上绣满了精美的图案，有花、鸟、蝴蝶等，还体现在了他们服装的装饰物上。

苗族先民起初会用贝壳、兽骨作为装饰品，后来还使用了各种花朵作为装饰物，现在我们经常能够看到苗族妇女们头戴着鲜花，这个传统十分久远。

后来，几经战乱的苗族人民将作为货币流通的银子、银料锻打成了随身佩戴的首饰，苗族银饰就此流行起来。

然而，并不是所有的苗族同胞们都有条件打制那么多的银饰品，大多数的穷苦人家可愁坏了，当他们接触到金属锡之后，逐渐想出了一个替代方案，喜悦之情溢于言表。

金属锡与白银的光泽相似，并且价格上低廉，有了金属材料锡，再穷苦的苗族人家也可以制作出闪闪发光的衣裙，他们的服饰不再单调，在锡绣的衬托下是那么有质感。

从此以后，苗族人民就多了锡绣这一类装饰物。锡绣对于苗族人民来说，就像大夏天饮下的清凉泉水，荡漾起来的幸福感、丰盈感是难以被其他物品所替代的。因此，锡绣也在一代又一代的苗族人手中传承与发展，一直流传至今。

✿ 苗族锡绣——"无字的史书"

苗族锡绣的几何纹饰图案丰富，它们有着独特的寓意，记录着苗族先祖们的生活点滴、所见所闻。

相信很多人的心中都会忍不住发问："为什么苗族人民要这样含蓄、曲折地记录着自己的生活呢？"这其中缘由说起来不免让人感到心酸。

在《苗族古歌》中，记录了苗族先民创造文字的历史，也记录了民众的生活史。但是这些珍贵的文字资料在逃避战乱的迁徙途中被焚烧殆尽，流传下来的苗族文字十分稀少。

后来，苗族先民创造了锡绣技艺，并在绣品上设计了许多有着特殊寓意的几何纹饰，有专家推测这些纹饰极有可能是苗族先民在乱世里传递信息的途径，也有可能是苗族人民对当时生产、生活的纪念。

无论现在的人们怎样推测，绘制这些几何图案的苗族先民早已长眠在了苗疆大地上，很多问题还没有得到解答。值得欣慰的是这些精美的几何图案，如今已经成了苗族锡绣独特的民族印记，有着丰富的文化内涵，人们亲切地称它们为"无字的史书"。

苗族几何纹织锦

兰亭修楔图

永康锡雕
Yongkang Xidiao

一件作品

　　中国锡器始于明永乐年间，主要产于云南、广东、浙江、福建、山东等地。锡的熔点低、质软，容易加工，且无毒、不锈、防潮、耐酸，适宜制作餐具等日用品。

　　永康锡雕是以锡为原料加工而成的金属工艺品。却月锡壶采用的材料是纯度达99.95%的锡料，壶身的高度为24.5厘米，壶腹的宽度为20厘米，经过手艺人千锤百炼后，壶身分布着规律、圆润的锤点纹，它的壶柄呈月形，像一个高高垂悬于夜空的弯月一般，线条十分流畅。

却月锡壶

浙江永康风光

却月锡壶是永康锡雕工艺品中的精品，它的制作工艺精湛，造型独特，纹饰雅致，极具古典韵味。

特点

在永康市，当地的老百姓将锡雕亦称为"瓜雕"，它以金属锡为雕材，制作工艺考究，锡器上的雕饰丰富、雅致，造型上千变万化。

◉ 工艺考究

锡匠制作一件精美的锡雕工艺品十分不易，需要根据不同的锡器类型，分部位将锡器各部件锤打成型，然后再进行焊接，这个过程说起来容易，做起来却十分困难。

有些锡器需要锤打上万次才能成型，有些锡器需要锤打几十万次才能成型，对于锡雕师傅的体能与技艺要求都非常高。

不仅如此，锡匠打制锡器还需要用到多种工艺。例如，加工锡器时会用到锻打、錾刻、焊接、雕塑等工艺。在锡雕的装饰技艺上，会用到将图案雕刻在平面上的浮雕，与多个角度呈现图案效果的立体化圆雕，雕刻纹饰、纹路的线雕，此外将图案部分挖空的凹雕也十分常见。

锡雕打花工艺

与此同时，镶嵌技艺也常用在锡雕的装饰上，工匠们将不同材质镶嵌于锡器表面，如嵌金、嵌木、嵌宝石等。多样的锡器装饰技艺，极大丰富了锡雕的外部形貌。

◉ 纹饰图案丰富、雅致

永康锡雕的装饰技艺如此丰富，相信大家一定很好奇它的纹饰、图案到底有哪些？

锡雕的纹饰、图案被美学家们称为"民间的美学史"，因为锡雕的纹饰、纹案不仅雅致、美观，而且它们的设计灵感皆来自老百姓的日常生产、生活，历经一千多年的发展，反映出了人们的历史生活，体现了当时的审美倾向。

例如，锡雕中常见的竹篾纹，其灵感来源于当地的竹编技艺。永康当地的老百姓擅长用竹子编织成竹制品，如竹篮、竹筐、竹凳、竹席等。人们在编织竹工艺品时会用到一条又一条的竹篾，这些竹篾编连在一起，形成了特殊的竹篾纹，十分美丽。当地的锡匠受到启发，将竹篾纹运用到锡器的纹饰、图案之上，现在很多锡器上还保留着这样的传统纹案。

正是因为来源于民间生活，永康锡雕的纹饰、图案才包罗万象，题材与表现内容极为丰富。常见的锡雕纹饰有像一朵朵白云一般的祥云纹，还有一锤也不能锤错的锤点纹，更有像藤蔓一般缠绕的枝叶纹等。

锡器在图案的选择上有气势恢宏的高山和蜿蜒曲折的河流，还有梅花、桃花、兰花、菊花等美丽的花卉，以及仙鹤、老虎、骏马等动物。包括寓意吉祥的神龙、凤凰等古代传说中的神兽、神鸟，也被大量雕刻在锡器之上。并且，一些精美的人文建筑，一

带有美丽纹饰的锡雕酒壶

些饮茶、赏春的生活场景，都被锡匠们用一双双巧手印在了锡器的表面。

这些纹饰、图案无一不精美，无一不雅致，体现出了中华文化的丰富的精神内涵，这也是永康锡雕受人们喜爱的原因之一。

图案精美的锡雕茶具

◉ 造型千变万化

永康锡雕还有一大亮点，它们的造型千变万化、形态万千，给人不同的审美体验，有些锡器更是让人爱不释手。

锡雕的造型变化体现在同一种类型的锡器，它们的外形各不相同，也体现在不同锡器的造型各异之上。当采访到永康当地的锡雕师傅时，我们才知晓装饰技艺影响的只是锡器的外部面貌，而真正影响到锡器造型的竟是制作锡器时所用的样板。

每一个锡雕师傅制作的样板的大小、形状都不一样，使得打制出来的锡器也会大有区别，这也就解释了为什么同一种锡器，它们的外形各不相同。

此外，永康当地不同的锡器，它们的造型也各不相同。锡器不再局限于日常生活中的锡水壶、锡茶罐、锡酒杯等造型，而是演变成了表现多种内容的立体工艺品。例如，用锡材制作古代的兵器、具有装饰性的仙鹤展翅锡座、被花朵簇拥着的孔雀锡器，以及表现凤凰腾云的锡器等。

孔雀锡器工艺品摆件

❁ 用途

倘若你给永康当地的锡雕师傅一块锡料,他能制作出精美的锡酒具、锡茶具、锡文房四宝、锡烛台、锡香炉、锡仙鹤、锡梅花鹿、锡盆景等锡器,种类丰富不说,功能也很齐全。

❁ 保健

金属锡无毒,日常使用锡器对健康无损。相反,锡还有保健的功效。相传,古代的老百姓会将金属锡块放到水井里净化水质;而皇家贵族则用锡酒器来保存好酒,使得酒香经久不散,酒味更加甘甜醇厚。

如今，还有很多人会用锡茶壶泡茶，它可以使茶香更加浓厚，还可以使茶水不易变质。而用锡茶罐储存茶叶，茶叶不易受潮、发霉。爱花之人还用锡花瓶醒花、插花，花朵能延长盛放的时间。

❀ 装饰

永康锡器的外形秀美、品质上乘，作为一种装饰物品来使用也是极好的选择。例如，花卉、动物图案的锡雕作品陈列在不同区域都十分雅致。值得一提的是金属锡具有一定稳定性，用它打制的锡器可以常年保持平滑，并自带闪亮的金属光泽，看起来不会显得陈旧。

兰亭序锡雕酒壶

❀ 收藏

永康锡雕的制作材料锡是地球上的稀有金属之一，在地壳中的含量为0.004%，它的市场价值排在黄金、白银之后。

不过，锡的物理性状不稳定，对温度比较敏感。在零下13摄氏度到160摄氏度之间的白锡性状最稳定，有利于锡器的加工。温度达到160摄氏度以上，白锡便会转变为脆锡，稍微用手使力锡器就破碎了。温度低于零下13摄氏度，白锡便会转化成灰黑色的粉状物，还会使周围锡器的模样变得斑驳。

可以说，锡匠们在制作锡器时，操作的难度非常大，再加上复杂的工艺，耗费的时间与精力并不少。通常这类锡器的审美性与艺术价值都不会太低，有些人非常喜欢收藏这类精美的锡器。

温度低于零下13摄氏度时，白锡发生碎裂，转化成灰黑色的粉状物

一位有缘人

永康锡雕工艺可以将金属材料锡打制成各式各样的锡器，曾经备受市场的欢迎，兴盛一时。

在民间，存在很多精通锡雕工艺的师傅，应业根、盛一原两人便是其中的佼佼者。

永康市芝英三村

应业根

1930年，应业根出生于永康市芝英街道三村，他是永康锡雕技艺国家级非遗传承人，年幼时便学习锡雕的制作技艺。

一技一生

应业根的家庭原本就十分清贫，父亲是家里的顶梁柱，但天有不测风云，应业根10岁时父亲便去世了，这使本就贫困的家庭雪上加霜。

母亲日夜操劳还是难以养活自己的孩子，为了减轻家里的经济负担，应业根13岁那年，便跟随母亲到小镇上拜师学艺。他的老师姓周，是个制作锡器的老手艺人。

应业根就这样做了周师傅的小跟班，学艺的过程是艰苦的，早起晚睡是应业根的生活常态。

在人生地不熟的小镇里，应业根睡过冷冷清清的祠堂，睡过铺满草席的破庙，被子永远都是冷冰冰的，还透着风，但是年幼的应业根都坚持下来了，在他看来苦与累都不算什么，只要能够学到手艺就成！

在苦学了十几年的手艺后，二十出头的应业根终于可以自己独立做活儿了。人来人往的街上，人们总能看到他挑着担子来回走动的身影，肩上一头挑着制作锡器的工具与材料，一头挑着自己的凳子。

应业根给当地的人家做锡酒壶、锡茶叶罐、锡烛台等锡器。由于这些小生意都不长久，为了扩大营生，应业根走到了江西，去往了湖南，还到过福建等地方。

读万卷书，不如行万里路，长期背井离乡的生活使应业根接触了很多身怀绝技的锡器手艺人，他在优秀的手艺人那里学到了很多经验，大大提升了自己的手艺。

如今，应业根已是八十多岁高龄，但他还想着法子传承老祖宗留下来的锡雕手艺。

锡匠制作锡器的场景

❁ 作品：九莲灯与龙凤呈祥

杭州市西湖边的雷峰塔对面有一座历史悠久的寺庙，叫净慈寺，这座寺庙在北宋时期香火旺盛，汇聚了一大批文人于此交流；明朝、清朝时期备受皇家的青睐，清朝的康熙皇帝、乾隆皇帝先后南巡都到这座寺庙参拜。

1955年，政府对净慈寺进行修缮，寺内需要重新制作九个锡制的九莲灯，每座九莲灯重达80千克，并且制作工艺十分繁难，当时没有工匠能够接下这个活计。

当施工方找到应业根时，他看了看设计图便答应了下来，又花了大半年的时间废寝忘食地挥打着手中的锤子，终于不负众望按时完成了九莲灯的制作。至今，这些精美的九莲灯还在净慈寺里静静地悬挂着。

当时的杭州市，锡雕制品一般都是一些茶具、酒具、锡烛台等日常的器物，应业根没想到还可以作为艺术品来欣赏。自从萌生了

杭州市西湖边的净慈寺

将锡雕器物转变为艺术工艺品的想法后，应业根关注到了塑料的龙凤呈祥烛台，他想把有吉祥寓意的烛台改成锡制的工艺品，经过一系列的设计与修改，不久一套活灵活现的龙凤呈祥双烛台便做好了。

如今，市面上还流通着以这对龙凤呈祥双烛台为样式的各种烛台。如今应业根的锡艺传承重担已经移到了儿子应华升的肩头，相信经过一代又一代人的传承，永康锡雕这门技艺能够长足发展。

盛一原

浙江省金华市有一位锡雕工艺大师名叫盛一原，他是永康锡雕技艺的非遗传承人，还是当地制作锡雕工艺品的知名企业家。

传统锡制烛台

游子回乡办工厂

14岁时，盛一原便跟随着舅舅学习锡器的制作技艺，他曾经为了生活扛起沉重的锡担走遍全国各地，经历了风霜雨雪的磨炼。

20世纪80年代，中国经历了改革开放和经济大发展，盛一原告别了"一根竹担宽又长，风餐露宿走四方，爬重山，过峻岭，天来当被地为床"的漂泊日子，他带着多年攒下的积蓄回到家乡办起了工厂。

当时，盛一原的想法很简单，他觉得传统手艺的继承不能只靠纯手工，还是要依靠机械化生产优化工序来提高生产效率，不然花费的时间成本和人力成本高，还赚不到温饱的钱，工匠们也不愿意做这个行当了。

就好比熔锡这道工序，原先用烧煤的方式进行升温，加热的速度极慢还不好控制温度，加上工人手艺的差异，做出来的锡器质量不稳定。于是，盛一原带领着研究团队使用石油、柴油、煤气、电等加热方法熔锡，结果发现用电最好。在当地政府的支持下，他们的工厂完成了第一次产业升级。

之后，他花了大价钱将制作锡器的工具进行革新，购进了精密机床、数控的车床、电脑操作的精雕机以及激光切割机等大型设备。这样既保证了成品的质量，还提高了锡器的制作效率，工匠们现在一天做500多个锡器不在话下，越来越多的产品销往国内外，提升了永康锡器的名气。

电熔锡炉

◎ 著书、建馆、授课

盛一原办厂成功后，有了资金的支持，可以更好地传承永康锡雕这一门手艺。这不，他有时间便会走街串巷拜访有名的锡雕工匠，不断提升自己对于锡雕的认识与制作技艺。

盛一原每次见到古老的锡器文物，他都会想着收藏起来。为了辨别锡器的真伪，他还阅读了各个朝代有关于锡器的文献记载，研究每一件古锡器的制作方法与设计构思。

"独学而无友，则孤陋而寡闻。"在文献不足的情况下，盛一原在全国范围内寻找着制作锡器的工匠，与他们探讨锡器的制法，分析与归纳出了很多关于锡艺的知识干货，并且创办了工艺杂志《锡雕》。

后来，盛一原整理平生所学时，编写出了两本著作：一本叫《永康锡雕馆》，一经发表便受到业内关注并被翻译成多国文字行销海外；另一本叫《永康锡雕》，这是一本专业性的锡雕基础知识教材。

一年又一年的收藏，让盛一原拥有了很多珍贵的古锡器，他认为这些珍贵的文物应该被更多人了解，于是不惜耗费1800多万元建立了一座锡雕博物馆，并创建了锡雕文化传承基地。

不但如此，盛一原还走进了永康职业技术学校无偿开办锡雕课程，免费给学生们授课，让他们免费参加各种宣传锡雕的活动。想

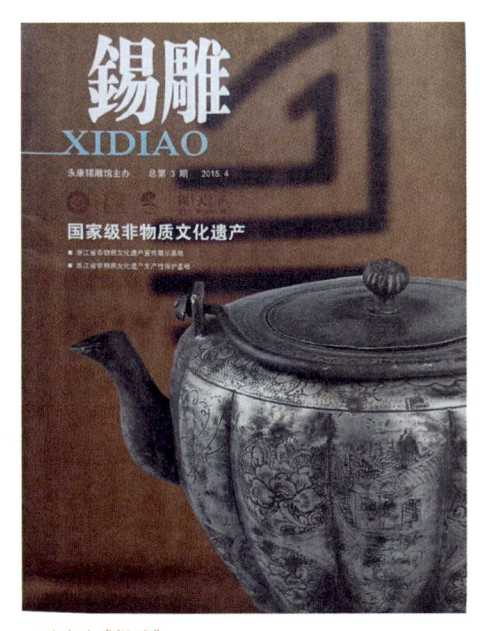

工艺杂志《锡雕》

《永康锡雕馆》

要了解锡雕手艺的小学生还可以参加锡雕夏令营的活动，自己动手制作锡雕工艺品。

在面对记者的采访时，盛一原真诚地表示自己非常热爱锡雕这门手艺，并言明此生最大的愿望便是在几百年甚至一千年之后，我们的后代还能看到这样的传统手艺。

浙江省永康市职业技术学校

一门手艺

永康锡雕的造型丰富，雕刻的纹饰、图案雅致，制作工艺更是繁杂。不同的工匠制作锡器时的流程并不一样，有繁有简，但以下六个步骤是不可或缺的。

❁ 选锡熔锡

在制作锡器的时候，有节约意识的工匠会用旧锡器熔化后混合新锡作为原料，而有些工匠会采用纯度比较低的锡料。纯度低的锡料只适合做非餐饮用途的日常锡器，它本身含有的金属杂质比较多。现在大多数的锡器制作，工匠们采用的都是纯度极高的上好锡料。

选好锡料之后，就要进行下一个步骤——熔锡。因为金属锡的熔点为231.9摄氏度左右，因此熔锡并不难，熔少量锡可用小炉子，也可以用柴火熔锡炉，或是电熔锡炉。

❁ 制作锡板

锡料熔制完成后，工匠们需要将锡液浇注在锡板上，锡板一般是石质的，分为上下两块，两块石板的边缘会放置一根麻绳，麻绳的粗细决定了了锡片的薄厚。

在固定好石板后，只需要将锡液倒入上下锡板的缝里，并用力挤压，冷却后便得到了一张锡片。

❀ 裁剪锡板

小学徒在学成三年之后，会收到师傅赠给的一到多块样板，打制不同的锡器需要不同的样板。有了这些样板，徒弟便可以将它们放在锡片上描摹出一定的尺寸，并顺利、快速地裁剪出大小合适的锡片。

❀ 制形

锡片裁剪好之后，工匠们便要进行下一道工序——制形，不同的形状需要分开打制，一般主件的打制会分成几个部分，比如一个锡壶的主件是壶身，壶身又分为壶颈、壶腹、壶底，这三个部位要分开打制；锡壶的壶把、壶盖、壶柄等零部件也要分开打制。

❀ 抛光

锡器的主件与零部件打制完成之后，需要先进行每一个部位的抛光处理，用不同型号的锉刀将主件与零部件表面上的凸起、毛刺等部分磨平、磨光。抛光完成之后，便可以将它们用锡液焊接起来。

❀ 雕刻

如果你以为这样就完成了一件锡器的制作，那就错了。在技艺高超的锡匠眼中，经过抛光、焊接、焊接、细节处理的锡器也只是一个"半成品"，这个半成品还需要工匠的一双巧手雕刻出精美的图案与纹路。

制作锡器

一方水土

浙江永康的锡匠们制作的锡器闻名全国,这让人们充满了好奇,永康为什么能够成为锡器的发源地与盛产地呢?

"百工之乡"——永康

在永康境内有着最古老的地质层,分布着侏罗纪时期的火山岩石,而在庙山、太婆山都出现了新石器时代人类的活动踪迹。

春秋战国时期,永康先是越国属地,后越国被楚国所灭,永康成为楚地。

秦始皇统一全国后,建立会稽郡乌伤县,永康即属乌伤县。

相传,三国时期吴国的开国君主孙权的母亲病重,她便亲自到永康境内的寺庙上香,祈求自己身体"永保安康"。上香回去之后,孙权的母亲竟然病好了,恢

浙江永康方岩顶峰园梦塔

复了健康，于是吴王便将当时的乌伤县上浦乡置永康县。

之后，永康又经历了多个历史时期的发展，沉积了深厚的政治、文化、经济底蕴。

胡公大帝与方岩庙会

人杰地灵的永康，出过许多历史名人，有南宋时期的抗金名臣应材、南宋著名的文学家陈亮、明朝的政治人物程正谊，但最为出名并受到当地百姓敬仰的，当属胡公大帝——胡则。

胡则，出生在永康，年少时在永康方岩山上的书院读书，后来考上了进士，成为婺州（浙江金华市）第一个身上有功名的学子。

20世纪50年代末，毛泽东主席路过金华市时还曾提起过胡则的事迹，评价他是一位清官，在一生的为官生涯中，造福了地方的老百姓。

事实上，胡则确实是能力和才干俱佳的官员，他为官四十七年，调任过十多个地方，在每一个地方都政绩突出。

胡则是百姓的父母官，曾经妥善安置了十万服苦役的老百姓，他痛斥朝廷将田产标价出卖的错误决策，他改革盐法，优化税收结构，并向朝廷申请免除了衢州、婺州的人头税，深受百姓的爱戴。

胡公上书图

当时的百姓为了纪念胡则，还为他修建了宗庙，每年百姓都会在胡则就读过的方岩山下举行庙会，缅怀胡公大帝。

到了南宋时期，方岩山上汇集了朱熹、程方峰等理学大家进行讲学，一时间文人才子无数。

当一个地方具有深厚的政治、文化底蕴，它的经济发展必然也不会落后，永康锡雕的产生只是手工业发展良好的一个缩影。除了锡雕技艺之外，永康还有许多文化艺术形式，如由宋代曲子词演变而来的永康鼓词、舞龙舞狮、醒感戏等。

一段历史

永康锡雕在中国的五代时期便已经出现，发展至今已经有一千多年的历史。根据当地流行的民间故事，一直以来永康的锡雕匠人都将黄帝作为永康锡雕技艺的鼻祖。

"永康锡艺鼻祖"——黄帝

相传，远古时期在长江流域一带住着以蚩尤为首领的九黎部落，他们擅长制作青铜刀、青铜弓弩等先进兵器，凭借着强大的军事实力，经常骚扰其他部落，以黄帝为首领的部落便是其中之一。

当时，黄帝部落居住在中国的西北方，他们的经济、军事实力薄弱，武器多为木制、石制，根本招架不住蚩尤的猛烈进攻。无奈之下，黄帝只好派出多路人马到中原地区寻找可以制作兵器的原材料。

经过部落先祖的提示，他们在永康的石城山发现了矿藏，这里有铜矿石、锡矿石、铁矿石等金属矿石，黄帝派出部落的勇士到石城山驻扎，并吩咐工匠们日夜不停歇制作兵器，这些兵器壮大了黄帝部落，为后来打败蚩尤部落提供了良好的基础。当然，这只是一个富有传奇色彩的传说而已。

黄帝画像

永康锡艺经久不衰

不过有专家考证,早在西周时期,就已经设立专门的人管理各种矿山,矿山之中就便有锡矿,就连古书《山海经》当中,也有记载到含有金属锡的矿山。

河南省殷墟遗址更是出土了用锡料来作为镀层的虎面铜头盔、锡制的长戈,而在山清水秀的云南楚雄出土的春秋时期锡器,其纯度高达99.15%,这说明了早在春秋时期锡器的制作技艺已经发展得相当成熟。

只是当时工匠们能够制作的锡器材料有限,只有贵族才能享用锡器,普通老百姓根本无法用到锡器。

到了宋代,锡器的制作工艺更加纯熟,匠人们能够制作出精美的锡酒器、锡水壶等日常的器具。此时平常老百姓也有机会用上了锡器,供人们日常取暖的"汤婆子"便是常见的锡器。

明清时期,锡艺得到了繁荣发展。金银器物制造技艺的提升,使得锡器的使用更加宽松。目前在明清陵墓出土的文物当中,有不少的古锡器被作为随葬品。

根据《永康市志》一书记载的内容上看,在民国中期永康市已经有上千工匠从事锡器的制作,但因后来发生战争、内乱,因此锡艺的发展遇上了瓶颈。

20世纪80年代后期,得益于国家的改革开放政策,国内经济得到了大发展,当时在永康有4万多名能工巧匠,光是锡匠就占了绝大多数,锡器的品类更是扩充到了200多种。

供人们日常取暖的锡器"汤婆子"

永康锡雕　285

一袭传统

❀ 永康锡雕与婚俗

北宋有一位大学士,名字叫汪洙。他在《神童诗·四喜》中写到人生四大喜,即:久旱逢甘雨,他乡遇故知,洞房花烛夜,金榜题名时。浙江省的老百姓,对人生第三喜结婚这件事十分看重,浙江永康也不例外。在婚礼上,除了准备丰盛的美食招待亲友之外,有一样东西是万万不可缺少的,那便是锡器。

女儿要出嫁时,父母给置办的嫁妆里必须要有一套精美的锡器,包含锡烛台、锡酒壶、锡酒杯等物件;有的人家家境殷实,给女儿置办的锡器嫁妆不止一套呢!

在新郎接亲之时,新娘子出门需要一对龙凤双烛台引路,人们将

锡制双喜字双龙三件套蜡烛台

红色的蜡烛点燃，缓缓地将新娘送出娘家，这预示着喜庆与吉祥，没有烛台引路那是万万不可的。

待到新娘子怀胎十月生产时，喝月子酒也要用到陪嫁时的锡器，这些精美的锡器将伴随新娘子一生，陪伴她走过人生的喜乐时刻。

❀ 一原锡雕博物馆

如果你想要看一看、瞧一瞧精美的永康锡器，坐落在金山大厦的一原锡雕博物馆值得你前去打卡，这座私人博物馆是锡雕工艺美术大师盛一原创办而成的。

馆内规划有古代锡器展列区、现代锡器阵列区，还有可以提供给游客们亲自动手体验锡雕工艺的操作区，当你逛累了、看累了，还有休息区域可以休息。

目前馆内有锡器手工艺品3000多件，珍贵藏品有882件，像盛一原大师的作品《马到成功》、县级非遗传承人桑子安的作品《中华凤》也陈列在其中。

至今，永康锡雕博物馆开展了锡雕文化宣传活动达22次，接待了6万多名前来参观的游客，相信在未来会有更多人到馆内感受独特的锡雕文化。

永康市金山大厦